GRIEKSE WOORDENSCHAT
nieuwe woorden leren

T&P Books woordenlijsten zijn bedoeld om u te helpen vreemde woorden te leren, te onthouden, en te bestuderen. De woordenschat bevat meer dan 3000 veel gebruikte woorden die thematisch geordend zijn.

- De woordenlijst bevat de meest gebruikte woorden
- Aanbevolen als aanvulling bij welke taalcursus dan ook
- Voldoet aan de behoeften van de beginnende en gevorderde student in vreemde talen
- Geschikt voor dagelijks gebruik, bestudering en zelftestactiviteiten
- Maakt het mogelijk om uw woordenschat te evalueren

Bijzondere kenmerken van de woordenschat

- De woorden zijn gerangschikt naar hun betekenis, niet volgens alfabet
- De woorden worden weergegeven in drie kolommen om bestudering en zelftesten te vergemakkelijken
- Woorden in groepen worden verdeeld in kleine blokken om het leerproces te vergemakkelijken
- De woordenschat biedt een handige en eenvoudige beschrijving van elk buitenlands woord

De woordenschat bevat 101 onderwerpen zoals:

Basisconcepten, getallen, kleuren, maanden, seizoenen, meeteenheden, kleding en accessoires, eten & voeding, restaurant, familieleden, verwanten, karakter, gevoelens, emoties, ziekten, stad, dorp, bezienswaardigheden, winkelen, geld, huis, thuis, kantoor, werken op kantoor, import & export, marketing, werk zoeken, sport, onderwijs, computer, internet, gereedschap, natuur, landen, nationaliteiten en meer ...

INHOUDSOPGAVE

UITSPRAAKGIDS

T&P fonetisch alfabet	Grieks voorbeeld	Nederlands voorbeeld
[a]	**αγαπάω** [aɣapáo]	acht
[e]	**έπαινος** [épenos]	delen, spreken
[i]	**φυσικός** [fisikós]	bidden, tint
[o]	**οθόνη** [oθóni]	overeenkomst
[u]	**βουτάω** [vutáo]	hoed, doe
[b]	**καμπάνα** [kabána]	hebben
[d]	**ντετέκτιβ** [detéktiv]	Dank u, honderd
[f]	**ράμφος** [rámfos]	feestdag, informeren
[g]	**γκολφ** [golʲf]	goal, tango
[ɣ]	**γραβάτα** [ɣraváta]	liegen, gaan
[j]	**μπάιτ** [bájt]	New York, januari
[j̥]	**Αίγυπτος** [éj̥iptos]	New York, januari
[k]	**ακόντιο** [akóndio]	kennen, kleur
[lʲ]	**αλάτι** [alʲáti]	biljet, morille
[m]	**μάγος** [máɣos]	morgen, etmaal
[n]	**ασανσέρ** [asansér]	nemen, zonder
[p]	**βλέπω** [vlépo]	parallel, koper
[r]	**ρόμβος** [rómvos]	roepen, breken
[s]	**σαλάτα** [salʲáta]	spreken, kosten
[ð]	**πόδι** [póði]	Stemhebbende dentaal, Engels - there
[θ]	**λάθος** [lʲáθos]	Stemloze dentaal, Engels - thank you
[t]	**κινητό** [kinitó]	tomaat, taart
[ʧ]	**check-in** [ʧek-in]	Tsjechië, cello
[v]	**βραχιόλι** [vraxióli]	beloven, schrijven
[x]	**νύχτα** [níxta]	licht, school
[w]	**ουίσκι** [wíski]	twee, willen
[z]	**κουζίνα** [kuzína]	zeven, zesde
[']	**έξι** [éksi]	hoofdklemtoon

AFKORTINGEN
gebruikt in de woordenschat

Nederlandse afkortingen

abn	-	als bijvoeglijk naamwoord
bijv.	-	bijvoorbeeld
bn	-	bijvoeglijk naamwoord
bw	-	bijwoord
enk.	-	enkelvoud
enz.	-	enzovoort
form.	-	formele taal
inform.	-	informele taal
mann.	-	mannelijk
mil.	-	militair
mv.	-	meervoud
on.ww.	-	onovergankelijk werkwoord
ontelb.	-	ontelbaar
ov.	-	over
ov.ww.	-	overgankelijk werkwoord
telb.	-	telbaar
vn	-	voornaamwoord
vrouw.	-	vrouwelijk
vw	-	voegwoord
vz	-	voorzetsel
wisk.	-	wiskunde
ww	-	werkwoord

Nederlandse artikelen

de	-	gemeenschappelijk geslacht
de/het	-	gemeenschappelijk geslacht, onzijdig
het	-	onzijdig

Griekse afkortingen

αρ.	-	mannelijk zelfstandig naamwoord
αρ.πλ.	-	mannelijk meervoud
αρ./θηλ.	-	mannelijk, vrouwelijk
θηλ.	-	vrouwelijk zelfstandig naamwoord
θηλ.πλ.	-	vrouwelijk meervoud

ουδ.	-	onzijdig
ουδ.πλ.	-	onzijdig meervoud
πλ.	-	meervoud

BASISBEGRIPPEN

1. Voornaamwoorden

ik	**εγώ**	[eɣó]
jij, je	**εσύ**	[esí]
hij	**αυτός**	[aftós]
zij, ze	**αυτή**	[aftí]
het	**αυτό**	[aftó]
wij, we	**εμείς**	[emís]
jullie	**εσείς**	[esís]

2. Begroetingen. Begroetingen

Hallo! Dag!	**Γεια σου!**	[ʝa su]
Hallo!	**Γεια σας!**	[ʝa sas]
Goedemorgen!	**Καλημέρα!**	[kaliméra]
Goedemiddag!	**Καλό απόγευμα!**	[kalʲó apóʝevma]
Goedenavond!	**Καλησπέρα!**	[kalispéra]
gedag zeggen (groeten)	**χαιρετώ**	[xeretó]
Hoi!	**Γεια!**	[ʝa]
groeten (het)	**χαιρετισμός** (αρ.)	[xeretizmós]
verwelkomen (ww)	**χαιρετώ**	[xeretó]
Is er nog nieuws?	**Τι νέα;**	[ti néa]
Tot snel! Tot ziens!	**Τα λέμε σύντομα!**	[ta léme síndoma]
Vaarwel! (inform.)	**Αντίο!**	[adío]
Vaarwel! (form.)	**Αντίο σας!**	[adío sas]
afscheid nemen (ww)	**αποχαιρετώ**	[apoxeretó]
Tot kijk!	**Γεια!**	[ʝa]
Dank u!	**Ευχαριστώ!**	[efxaristó]
Dank u wel!	**Ευχαριστώ πολύ!**	[efxaristó polí]
Graag gedaan	**Παρακαλώ**	[parakalʲó]
Geen dank!	**Δεν είναι τίποτα**	[ðen íne típota]
Geen moeite.	**Τίποτα**	[típota]
Excuseer me, ... (inform.)	**Με συγχωρείς!**	[me sinxorís]
Excuseer me, ... (form.)	**Με συγχωρείτε!**	[me sinxoríte]
excuseren (verontschuldigen)	**συγχωρώ**	[sinxoró]
zich verontschuldigen	**ζητώ συγνώμη**	[zitó siɣnómi]
Mijn excuses.	**Συγνώμη**	[siɣnómi]
Het spijt me!	**Με συγχωρείτε!**	[me sinxoríte]

vergeven (ww)	**συγχωρώ**	[sinxoró]
alsjeblieft	**παρακαλώ**	[parakalʲó]
Vergeet het niet!	**Μην ξεχάσετε!**	[min ksexásete]
Natuurlijk!	**Βεβαίως! Φυσικά!**	[vevéos], [fisiká]
Natuurlijk niet!	**Όχι βέβαια!**	[óxi vévea]
Akkoord!	**Συμφωνώ!**	[simfonó]
Zo is het genoeg!	**Αρκετά!**	[arketá]

3. Vragen

Wie?	**Ποιος;**	[pios]
Wat?	**Τι;**	[ti]
Waar?	**Πού;**	[pú]
Waarheen?	**Πού;**	[pú]
Waarvandaan?	**Από πού;**	[apó pú]
Wanneer?	**Πότε;**	[póte]
Waarom?	**Γιατί;**	[ʝatí]
Waarom?	**Γιατί;**	[ʝatí]
Waarvoor dan ook?	**Γιατί;**	[ʝatí]
Hoe?	**Πώς;**	[pos]
Wat voor ...?	**Ποιος;**	[pios]
Welk?	**Ποιος;**	[pios]
Aan wie?	**Σε ποιον;**	[se pion]
Over wie?	**Για ποιον;**	[ʝa pion]
Waarover?	**Για ποιο;**	[ʝa pio]
Met wie?	**Με ποιον;**	[me pion]
Hoeveel? (ontelb.)	**Πόσο;**	[póso]
Van wie? (mann.)	**Ποιανού;**	[pianú]

4. Voorzetsels

met (bijv. ~ beleg)	**με**	[me]
zonder (~ accent)	**χωρίς**	[xorís]
naar (in de richting van)	**σε**	[se]
over (praten ~)	**για**	[ʝa]
voor (in tijd)	**πριν**	[prin]
voor (aan de voorkant)	**μπροστά**	[brostá]
onder (lager dan)	**κάτω από**	[káto apó]
boven (hoger dan)	**πάνω από**	[páno apó]
op (bovenop)	**σε**	[se]
van (uit, afkomstig van)	**από**	[apó]
van (gemaakt van)	**από**	[apó]
over (bijv. ~ een uur)	**σε ...**	[se ...]
over (over de bovenkant)	**πάνω από**	[páno apó]

5. Functiewoorden. Bijwoorden. Deel 1

Waar?	**Πού;**	[pú]
hier (bw)	**εδώ**	[eðó]
daar (bw)	**εκεί**	[ekí]
ergens (bw)	**κάπου**	[kápu]
nergens (bw)	**πουθενά**	[puθená]
bij ... (in de buurt)	**δίπλα**	[ðípla]
bij het raam	**δίπλα στο παράθυρο**	[ðíplʲa sto paráθiro]
Waarheen?	**Πού;**	[pú]
hierheen (bw)	**εδώ**	[eðó]
daarheen (bw)	**εκεί**	[ekí]
hiervandaan (bw)	**αποδώ**	[apoðó]
daarvandaan (bw)	**αποκεί**	[apokí]
dichtbij (bw)	**κοντά**	[kondá]
ver (bw)	**μακριά**	[makriá]
in de buurt (van ...)	**κοντά σε**	[kondá se]
dichtbij (bw)	**κοντά**	[kondá]
niet ver (bw)	**κοντά**	[kondá]
linker (bn)	**αριστερός**	[aristerós]
links (bw)	**στα αριστερά**	[sta aristerá]
linksaf, naar links (bw)	**αριστερά**	[aristerá]
rechter (bn)	**δεξιός**	[ðeksiós]
rechts (bw)	**στα δεξιά**	[sta ðeksiá]
rechtsaf, naar rechts (bw)	**δεξιά**	[ðeksiá]
vooraan (bw)	**μπροστά**	[brostá]
voorste (bn)	**μπροστινός**	[brostinós]
vooruit (bw)	**μπροστά**	[brostá]
achter (bw)	**πίσω**	[píso]
van achteren (bw)	**από πίσω**	[apó píso]
achteruit (naar achteren)	**πίσω**	[píso]
midden (het)	**μέση** (θηλ.)	[mési]
in het midden (bw)	**στη μέση**	[sti mési]
opzij (bw)	**από το πλάι**	[apó to plʲáj]
overal (bw)	**παντού**	[pandú]
omheen (bw)	**γύρω**	[ʝíro]
binnenuit (bw)	**από μέσα**	[apó mésa]
naar ergens (bw)	**κάπου**	[kápu]
rechtdoor (bw)	**κατ'ευθείαν**	[katefθían]
terug (bijv. ~ komen)	**πίσω**	[píso]
ergens vandaan (bw)	**από οπουδήποτε**	[apó opuðípote]
ergens vandaan (en dit geld moet ~ komen)	**από κάπου**	[apó kápu]

ten eerste (bw)	**πρώτον**	[próton]
ten tweede (bw)	**δεύτερον**	[ðéfteron]
ten derde (bw)	**τρίτον**	[tríton]
plotseling (bw)	**ξαφνικά**	[ksafniká]
in het begin (bw)	**στην αρχή**	[stin arxí]
voor de eerste keer (bw)	**πρώτη φορά**	[próti forá]
lang voor ... (bw)	**πολύ πριν από ...**	[polí prin apó]
opnieuw (bw)	**εκ νέου**	[ek néu]
voor eeuwig (bw)	**για πάντα**	[ja pánda]
nooit (bw)	**ποτέ**	[poté]
weer (bw)	**πάλι**	[páli]
nu (bw)	**τώρα**	[tóra]
vaak (bw)	**συχνά**	[sixná]
toen (bw)	**τότε**	[tóte]
urgent (bw)	**επειγόντως**	[epiɣóndos]
meestal (bw)	**συνήθως**	[siníθos]
trouwens, ... (tussen haakjes)	**παρεμπιπτόντως, ...**	[parembiptóndos]
mogelijk (bw)	**πιθανόν**	[piθanón]
waarschijnlijk (bw)	**πιθανόν**	[piθanón]
misschien (bw)	**ίσως**	[ísos]
trouwens (bw)	**εξάλλου ...**	[eksálʲu]
daarom ...	**συνεπώς**	[sinepós]
in weerwil van ...	**παρόλο που ...**	[parólʲo pu]
dankzij ...	**χάρη σε ...**	[xári se]
wat (vn)	**τι**	[ti]
dat (vw)	**ότι**	[óti]
iets (vn)	**κάτι**	[káti]
iets	**οτιδήποτε**	[otiðípote]
niets (vn)	**τίποτα**	[típota]
wie (~ is daar?)	**ποιος**	[pios]
iemand (een onbekende)	**κάποιος**	[kápios]
iemand (een bepaald persoon)	**κάποιος**	[kápios]
niemand (vn)	**κανένας**	[kanénas]
nergens (bw)	**πουθενά**	[puθená]
niemands (bn)	**κανενός**	[kanenós]
iemands (bn)	**κάποιου**	[kápiu]
zo (Ik ben ~ blij)	**έτσι**	[étsi]
ook (evenals)	**επίσης**	[epísis]
alsook (eveneens)	**επίσης**	[epísis]

6. Functiewoorden. Bijwoorden. Deel 2

Waarom?	**Γιατί;**	[jatí]
om een bepaalde reden	**για κάποιο λόγο**	[ja kápio lʲóɣo]
omdat ...	**διότι ...**	[ðióti]

voor een bepaald doel	**για κάποιο λόγο**	[ja kápio lʲóɣo]
en (vw)	**και**	[ke]
of (vw)	**ή**	[i]
maar (vw)	**μα**	[ma]
voor (vz)	**για**	[ja]
te (~ veel mensen)	**πάρα**	[pára]
alleen (bw)	**μόνο**	[móno]
precies (bw)	**ακριβώς**	[akrivós]
ongeveer (~ 10 kg)	**περίπου**	[perípu]
omstreeks (bw)	**κατά προσέγγιση**	[katá proséngisi]
bij benadering (bn)	**προσεγγιστικός**	[prosengistikós]
bijna (bw)	**σχεδόν**	[sxeðón]
rest (de)	**υπόλοιπο** (ουδ.)	[ipólipo]
elk (bn)	**κάθε**	[káθe]
om het even welk	**οποιοσδήποτε**	[opiozðípote]
veel mensen	**πολλοί**	[polí]
iedereen (alle personen)	**όλοι**	[óli]
in ruil voor ...	**... σε αντάλλαγμα**	[se andálʲaɣma]
in ruil (bw)	**σε αντάλλαγμα**	[se andálʲaɣma]
met de hand (bw)	**με το χέρι**	[me to xéri]
onwaarschijnlijk (bw)	**δύσκολα**	[ðískolʲa]
waarschijnlijk (bw)	**πιθανόν**	[piθanón]
met opzet (bw)	**επίτηδες**	[epítiðes]
toevallig (bw)	**κατά λάθος**	[katá lʲáθos]
zeer (bw)	**πολύ**	[polí]
bijvoorbeeld (bw)	**για παράδειγμα**	[ja paráðiɣma]
tussen (~ twee steden)	**μεταξύ**	[metaksí]
tussen (te midden van)	**ανάμεσα**	[anámesa]
zoveel (bw)	**τόσο πολύ**	[tóso polí]
vooral (bw)	**ιδιαίτερα**	[iðiétera]

GETALLEN. DIVERSEN

7. Kardinale getallen. Deel 1

nul	**μηδέν**	[miðén]
een	**ένα**	[éna]
twee	**δύο**	[ðío]
drie	**τρία**	[tría]
vier	**τέσσερα**	[tésera]
vijf	**πέντε**	[pénde]
zes	**έξι**	[éksi]
zeven	**εφτά**	[eftá]
acht	**οχτώ**	[oxtó]
negen	**εννέα**	[enéa]
tien	**δέκα**	[ðéka]
elf	**ένδεκα**	[énðeka]
twaalf	**δώδεκα**	[ðóðeka]
dertien	**δεκατρία**	[ðekatría]
veertien	**δεκατέσσερα**	[ðekatésera]
vijftien	**δεκαπέντε**	[ðekapénde]
zestien	**δεκαέξι**	[ðekaéksi]
zeventien	**δεκαεφτά**	[ðekaeftá]
achttien	**δεκαοχτώ**	[ðekaoxtó]
negentien	**δεκαεννέα**	[ðekaenéa]
twintig	**είκοσι**	[íkosi]
eenentwintig	**είκοσι ένα**	[íkosi éna]
tweeëntwintig	**είκοσι δύο**	[ikosi ðío]
drieëntwintig	**είκοσι τρία**	[ikosi tría]
dertig	**τριάντα**	[triánda]
eenendertig	**τριάντα ένα**	[triánda éna]
tweeëndertig	**τριάντα δύο**	[triánda ðío]
drieëndertig	**τριάντα τρία**	[triánda tría]
veertig	**σαράντα**	[saránda]
eenenveertig	**σαράντα ένα**	[saránda éna]
tweeënveertig	**σαράντα δύο**	[saránda ðío]
drieënveertig	**σαράντα τρία**	[saránda tría]
vijftig	**πενήντα**	[penínda]
eenenvijftig	**πενήντα ένα**	[penínda éna]
tweeënvijftig	**πενήντα δύο**	[penínda ðío]
drieënvijftig	**πενήντα τρία**	[penínda tría]
zestig	**εξήντα**	[eksínda]
eenenzestig	**εξήντα ένα**	[eksínda éna]

tweeënzestig	**εξήντα δύο**	[eksínda ðío]
drieënzestig	**εξήντα τρία**	[eksínda tría]
zeventig	**εβδομήντα**	[evðomínda]
eenenzeventig	**εβδομήντα ένα**	[evðomínda éna]
tweeënzeventig	**εβδομήντα δύο**	[evðomínda ðío]
drieënzeventig	**εβδομήντα τρία**	[evðomínda tría]
tachtig	**ογδόντα**	[oɣðónda]
eenentachtig	**ογδόντα ένα**	[oɣðónda éna]
tweeëntachtig	**ογδόντα δύο**	[oɣðónda ðío]
drieëntachtig	**ογδόντα τρία**	[oɣðónda tría]
negentig	**ενενήντα**	[enenínda]
eenennegentig	**ενενήντα ένα**	[enenínda éna]
tweeënnegentig	**ενενήντα δύο**	[enenínda ðío]
drieënnegentig	**ενενήντα τρία**	[enenínda tría]

8. Kardinale getallen. Deel 2

honderd	**εκατό**	[ekató]
tweehonderd	**διακόσια**	[ðiakósia]
driehonderd	**τριακόσια**	[triakósia]
vierhonderd	**τετρακόσια**	[tetrakósia]
vijfhonderd	**πεντακόσια**	[pendakósia]
zeshonderd	**εξακόσια**	[eksakósia]
zevenhonderd	**εφτακόσια**	[eftakósia]
achthonderd	**οχτακόσια**	[oxtakósia]
negenhonderd	**εννιακόσια**	[eniakósia]
duizend	**χίλια**	[xília]
tweeduizend	**δύο χιλιάδες**	[ðío xiliáðes]
drieduizend	**τρεις χιλιάδες**	[tris xiliáðes]
tienduizend	**δέκα χιλιάδες**	[ðéka xiliáðes]
honderdduizend	**εκατό χιλιάδες**	[ekató xiliáðes]
miljoen (het)	**εκατομμύριο** (ουδ.)	[ekatomírio]
miljard (het)	**δισεκατομμύριο** (ουδ.)	[ðisekatomírio]

9. Ordinale getallen

eerste (bn)	**πρώτος**	[prótos]
tweede (bn)	**δεύτερος**	[ðéfteros]
derde (bn)	**τρίτος**	[trítos]
vierde (bn)	**τέταρτος**	[tétartos]
vijfde (bn)	**πέμπτος**	[pémptos]
zesde (bn)	**έκτος**	[éktos]
zevende (bn)	**έβδομος**	[évðomos]
achtste (bn)	**όγδοος**	[óɣðoos]
negende (bn)	**ένατος**	[énatos]
tiende (bn)	**δέκατος**	[ðékatos]

KLEUREN. MEETEENHEDEN

10. Kleuren

kleur (de)	**χρώμα** (ουδ.)	[xróma]
tint (de)	**απόχρωση** (θηλ.)	[apóxrosi]
kleurnuance (de)	**τόνος** (αρ.)	[tónos]
regenboog (de)	**ουράνιο τόξο** (ουδ.)	[uránio tókso]
wit (bn)	**λευκός, άσπρος**	[lefkós], [áspros]
zwart (bn)	**μαύρος**	[mávros]
grijs (bn)	**γκρίζος**	[grízos]
groen (bn)	**πράσινος**	[prásinos]
geel (bn)	**κίτρινος**	[kítrinos]
rood (bn)	**κόκκινος**	[kókinos]
blauw (bn)	**μπλε**	[ble]
lichtblauw (bn)	**γαλανός**	[ɣalʲanós]
roze (bn)	**ροζ**	[roz]
oranje (bn)	**πορτοκαλί**	[portokalí]
violet (bn)	**βιολετί**	[violetí]
bruin (bn)	**καφετής**	[kafetís]
goud (bn)	**χρυσός**	[xrisós]
zilverkleurig (bn)	**αργυρόχροος**	[arɣiróxroos]
beige (bn)	**μπεζ**	[bez]
roomkleurig (bn)	**κρεμ**	[krem]
turkoois (bn)	**τιρκουάζ, τουρκουάζ**	[tirkuáz], [turkuáz]
kersrood (bn)	**βυσσινής**	[visinís]
lila (bn)	**λιλά, λουλακής**	[lilʲá], [lʲulʲakís]
karmijnrood (bn)	**βαθυκόκκινος**	[vaθikókinos]
licht (bn)	**ανοιχτός**	[anixtós]
donker (bn)	**σκούρος**	[skúros]
fel (bn)	**έντονος**	[édonos]
kleur-, kleurig (bn)	**έγχρωμος**	[énxromos]
kleuren- (abn)	**έγχρωμος**	[énxromos]
zwart-wit (bn)	**ασπρόμαυρος**	[asprómavros]
eenkleurig (bn)	**μονόχρωμος**	[monóxromos]
veelkleurig (bn)	**πολύχρωμος**	[políxromos]

11. Meeteenheden

gewicht (het)	**βάρος** (ουδ.)	[város]
lengte (de)	**μάκρος** (ουδ.)	[mákros]

breedte (de)	**πλάτος** (ουδ.)	[plʲátos]
hoogte (de)	**ύψος** (ουδ.)	[ípsos]
diepte (de)	**βάθος** (ουδ.)	[váθos]
volume (het)	**όγκος** (αρ.)	[óngos]
oppervlakte (de)	**εμβαδόν** (ουδ.)	[emvaðón]
gram (het)	**γραμμάριο** (ουδ.)	[ɣramário]
milligram (het)	**χιλιοστόγραμμο** (ουδ.)	[xiliostóɣramo]
kilogram (het)	**κιλό** (ουδ.)	[kilʲó]
ton (duizend kilo)	**τόνος** (αρ.)	[tónos]
pond (het)	**λίβρα** (θηλ.)	[lívra]
ons (het)	**ουγγιά** (θηλ.)	[ungiá]
meter (de)	**μέτρο** (ουδ.)	[métro]
millimeter (de)	**χιλιοστό** (ουδ.)	[xiliostó]
centimeter (de)	**εκατοστό** (ουδ.)	[ekatostó]
kilometer (de)	**χιλιόμετρο** (ουδ.)	[xiliómetro]
mijl (de)	**μίλι** (ουδ.)	[míli]
duim (de)	**ίντσα** (θηλ.)	[íntsa]
voet (de)	**πόδι** (ουδ.)	[póði]
yard (de)	**γιάρδα** (θηλ.)	[ʝárða]
vierkante meter (de)	**τετραγωνικό μέτρο** (ουδ.)	[tetraɣonikó métro]
hectare (de)	**εκτάριο** (ουδ.)	[ektário]
liter (de)	**λίτρο** (ουδ.)	[lítro]
graad (de)	**βαθμός** (αρ.)	[vaθmós]
volt (de)	**βολτ** (ουδ.)	[volʲt]
ampère (de)	**αμπέρ** (ουδ.)	[ambér]
paardenkracht (de)	**ιπποδύναμη** (θηλ.)	[ipoðínami]
hoeveelheid (de)	**ποσότητα** (θηλ.)	[posótita]
een beetje ...	**λίγος ...**	[líɣos]
helft (de)	**μισό** (ουδ.)	[misó]
dozijn (het)	**δωδεκάδα** (θηλ.)	[ðoðekáða]
stuk (het)	**τεμάχιο** (ουδ.)	[temáxio]
afmeting (de)	**μέγεθος** (ουδ.)	[méʝeθos]
schaal (bijv. ~ van 1 op 50)	**κλίμακα** (θηλ.)	[klímaka]
minimaal (bn)	**ελάχιστος**	[elʲáxistos]
minste (bn)	**μικρότερος**	[mikróteros]
medium (bn)	**μεσαίος**	[meséos]
maximaal (bn)	**μέγιστος**	[méʝistos]
grootste (bn)	**μεγαλύτερος**	[meɣalíteros]

12. Containers

glazen pot (de)	**βάζο** (ουδ.)	[vázo]
blik (conserven~)	**κουτί** (ουδ.)	[kutí]
emmer (de)	**κουβάς** (αρ.)	[kuvás]
ton (bijv. regenton)	**βαρέλι** (ουδ.)	[varéli]
ronde waterbak (de)	**λεκάνη** (θηλ.)	[lekáni]

tank (bijv. watertank-70-ltr)	**δεξαμενή** (θηλ.)	[ðeksamení]
heupfles (de)	**φλασκί** (ουδ.)	[flʲaskí]
jerrycan (de)	**κάνιστρο** (ουδ.)	[kánistro]
tank (bijv. ketelwagen)	**δεξαμενή** (θηλ.)	[ðeksamení]
beker (de)	**κούπα** (θηλ.)	[kúpa]
kopje (het)	**φλιτζάνι** (ουδ.)	[flidzáni]
schoteltje (het)	**πιατάκι** (ουδ.)	[piatáki]
glas (het)	**ποτήρι** (ουδ.)	[potíri]
wijnglas (het)	**κρασοπότηρο** (ουδ.)	[krasopótiro]
pan (de)	**κατσαρόλα** (θηλ.)	[katsarólʲa]
fles (de)	**μπουκάλι** (ουδ.)	[bukáli]
flessenhals (de)	**λαιμός** (αρ.)	[lemós]
karaf (de)	**καράφα** (θηλ.)	[karáfa]
kruik (de)	**κανάτα** (θηλ.)	[kanáta]
vat (het)	**δοχείο** (ουδ.)	[ðoxío]
pot (de)	**πήλινο** (ουδ.)	[pílino]
vaas (de)	**βάζο** (ουδ.)	[vázo]
flacon (de)	**μπουκαλάκι** (ουδ.)	[bukalʲáki]
flesje (het)	**φιαλίδιο** (ουδ.)	[fialíðio]
tube (bijv. ~ tandpasta)	**σωληνάριο** (ουδ.)	[solinário]
zak (bijv. ~ aardappelen)	**σακί, τσουβάλι** (ουδ.)	[sakí], [tsuváli]
tasje (het)	**σακούλα** (θηλ.)	[sakúlʲa]
pakje (~ sigaretten, enz.)	**πακέτο** (ουδ.)	[pakéto]
doos (de)	**κουτί** (ουδ.)	[kutí]
kist (de)	**κιβώτιο** (ουδ.)	[kivótio]
mand (de)	**καλάθι** (ουδ.)	[kalʲáθi]

BELANGRIJKSTE WERKWOORDEN

13. De belangrijkste werkwoorden. Deel 1

aanbevelen (ww)	προτείνω	[protíno]
aandringen (ww)	επιμένω	[epiméno]
aankomen (per auto, enz.)	έρχομαι	[érxome]
aanraken (ww)	αγγίζω	[angízo]
adviseren (ww)	συμβουλεύω	[simvulévo]

afdalen (on.ww.)	κατεβαίνω	[katevéno]
afslaan (naar rechts ~)	στρίβω	[strívo]
antwoorden (ww)	απαντώ	[apandó]
bang zijn (ww)	φοβάμαι	[fováme]
bedreigen (bijv. met een pistool)	απειλώ	[apilʲó]

bedriegen (ww)	εξαπατώ	[eksapató]
beëindigen (ww)	τελειώνω	[telióno]
beginnen (ww)	αρχίζω	[arxízo]
begrijpen (ww)	καταλαβαίνω	[katalʲavéno]
beheren (managen)	διευθύνω	[ðiefθíno]

beledigen (met scheldwoorden)	προσβάλλω	[prozválʲo]
beloven (ww)	υπόσχομαι	[ipósxome]
bereiden (koken)	μαγειρεύω	[majirévo]
bespreken (spreken over)	συζητώ	[sizitó]

bestellen (eten ~)	παραγγέλνω	[parangélʲno]
bestraffen (een stout kind ~)	τιμωρώ	[timoró]
betalen (ww)	πληρώνω	[pliróno]
betekenen (beduiden)	σημαίνω	[siméno]
betreuren (ww)	λυπάμαι	[lipáme]

bevallen (prettig vinden)	μου αρέσει	[mu arési]
bevelen (mil.)	διατάζω	[ðiatázo]
bevrijden (stad, enz.)	απελευθερώνω	[apelefθeróno]
bewaren (ww)	διατηρώ	[ðiatiró]
bezitten (ww)	κατέχω	[katéxo]

bidden (praten met God)	προσεύχομαι	[proséfxome]
binnengaan (een kamer ~)	μπαίνω	[béno]
breken (ww)	σπάω	[spáo]
controleren (ww)	ελέγχω	[elénxo]
creëren (ww)	δημιουργώ	[ðimiurɣó]

deelnemen (ww)	συμμετέχω	[simetéxo]
denken (ww)	σκέφτομαι	[skéftome]
doden (ww)	σκοτώνω	[skotóno]

21

doen (ww)	**κάνω**	[káno]
dorst hebben (ww)	**διψάω**	[ðipsáo]

14. De belangrijkste werkwoorden. Deel 2

een hint geven	**υπαινίσσομαι**	[ipenísome]
eisen (met klem vragen)	**απαιτώ**	[apetó]
existeren (bestaan)	**υπάρχω**	[ipárxo]
gaan (te voet)	**πηγαίνω**	[piјéno]
gaan zitten (ww)	**κάθομαι**	[káθome]
gaan zwemmen	**κάνω μπάνιο**	[káno bánio]
geven (ww)	**δίνω**	[ðíno]
glimlachen (ww)	**χαμογελάω**	[xamoјelʲáo]
goed raden (ww)	**μαντεύω**	[mandévo]
grappen maken (ww)	**αστειεύομαι**	[astiévome]
graven (ww)	**σκάβω**	[skávo]
hebben (ww)	**έχω**	[éxo]
helpen (ww)	**βοηθώ**	[voiθó]
herhalen (opnieuw zeggen)	**επαναλαμβάνω**	[epanalʲamváno]
honger hebben (ww)	**πεινάω**	[pináo]
hopen (ww)	**ελπίζω**	[elʲpízo]
horen (waarnemen met het oor)	**ακούω**	[akúo]
huilen (wenen)	**κλαίω**	[kléo]
huren (huis, kamer)	**νοικιάζω**	[nikiázo]
informeren (informatie geven)	**πληροφορώ**	[pliroforó]
instemmen (akkoord gaan)	**συμφωνώ**	[simfonó]
jagen (ww)	**κυνηγώ**	[kiniɣó]
kennen (kennis hebben van iemand)	**γνωρίζω**	[ɣnorízo]
kiezen (ww)	**επιλέγω**	[epiléɣo]
klagen (ww)	**παραπονιέμαι**	[paraponiéme]
kosten (ww)	**κοστίζω**	[kostízo]
kunnen (ww)	**μπορώ**	[boró]
lachen (ww)	**γελάω**	[јelʲáo]
laten vallen (ww)	**ρίχνω**	[ríxno]
lezen (ww)	**διαβάζω**	[ðiavázo]
liefhebben (ww)	**αγαπάω**	[aɣapáo]
lunchen (ww)	**τρώω μεσημεριανό**	[tróo mesimerianó]
nemen (ww)	**παίρνω**	[pérno]
nodig zijn (ww)	**χρειάζομαι**	[xriázome]

15. De belangrijkste werkwoorden. Deel 3

onderschatten (ww)	**υποτιμώ**	[ipotimó]
ondertekenen (ww)	**υπογράφω**	[ipoɣráfo]

ontbijten (ww)	**παίρνω πρωινό**	[pérno proinó]
openen (ww)	**ανοίγω**	[aníɣo]
ophouden (ww)	**σταματώ**	[stamató]
opmerken (zien)	**παρατηρώ**	[paratiró]
opscheppen (ww)	**καυχιέμαι**	[kafxiéme]
opschrijven (ww)	**σημειώνω**	[simióno]
plannen (ww)	**σχεδιάζω**	[sxeðiázo]
prefereren (verkiezen)	**προτιμώ**	[protimó]
proberen (trachten)	**προσπαθώ**	[prospaθó]
redden (ww)	**σώζω**	[sózo]
rekenen op ...	**υπολογίζω σε ...**	[ipolʲojízo se]
rennen (ww)	**τρέχω**	[tréxo]
reserveren (een hotelkamer ~)	**κλείνω**	[klíno]
roepen (om hulp)	**καλώ**	[kalʲó]
schieten (ww)	**πυροβολώ**	[pirovolʲó]
schreeuwen (ww)	**φωνάζω**	[fonázo]
schrijven (ww)	**γράφω**	[ɣráfo]
souperen (ww)	**τρώω βραδινό**	[tróo vraðinó]
spelen (kinderen)	**παίζω**	[pézo]
spreken (ww)	**μιλάω**	[milʲáo]
stelen (ww)	**κλέβω**	[klévo]
stoppen (pauzeren)	**σταματάω**	[stamatáo]
studeren (Nederlands ~)	**μελετάω**	[meletáo]
sturen (zenden)	**στέλνω**	[stélʲno]
tellen (optellen)	**υπολογίζω**	[ipolʲojízo]
toebehoren aan ...	**ανήκω σε ...**	[aníko se]
toestaan (ww)	**επιτρέπω**	[epitrépo]
tonen (ww)	**δείχνω**	[ðíxno]
twijfelen (onzeker zijn)	**αμφιβάλλω**	[amfiválʲo]
uitgaan (ww)	**βγαίνω**	[vjéno]
uitnodigen (ww)	**προσκαλώ**	[proskalʲó]
uitspreken (ww)	**προφέρω**	[profér o]
uitvaren tegen (ww)	**μαλώνω**	[malʲóno]

16. De belangrijkste werkwoorden. Deel 4

vallen (ww)	**πέφτω**	[péfto]
vangen (ww)	**πιάνω**	[piáno]
veranderen (anders maken)	**αλλάζω**	[alʲázo]
verbaasd zijn (ww)	**εκπλήσσομαι**	[ekplísome]
verbergen (ww)	**κρύβω**	[krívo]
verdedigen (je land ~)	**υπερασπίζω**	[iperaspízo]
verenigen (ww)	**ενώνω**	[enóno]
vergelijken (ww)	**συγκρίνω**	[singríno]
vergeten (ww)	**ξεχνάω**	[ksexnáo]
vergeven (ww)	**συγχωρώ**	[sinxoró]
verklaren (uitleggen)	**εξηγώ**	[eksiɣó]

verkopen (per stuk ~)	**πουλώ**	[pulʲó]
vermelden (praten over)	**αναφέρω**	[anaféro]
versieren (decoreren)	**στολίζω**	[stolízo]
vertalen (ww)	**μεταφράζω**	[metafrázo]
vertrouwen (ww)	**εμπιστεύομαι**	[embistévome]
vervolgen (ww)	**συνεχίζω**	[sinexízo]
verwarren (met elkaar ~)	**μπερδεύω**	[berðévo]
verzoeken (ww)	**ζητώ**	[zitó]
verzuimen (school, enz.)	**απουσιάζω**	[apusiázo]
vinden (ww)	**βρίσκω**	[vrísko]
vliegen (ww)	**πετάω**	[petáo]
volgen (ww)	**ακολουθώ**	[akolʲuθó]
voorstellen (ww)	**προτείνω**	[protíno]
voorzien (verwachten)	**προβλέπω**	[provlépo]
vragen (ww)	**ρωτάω**	[rotáo]
waarnemen (ww)	**παρατηρώ**	[paratiró]
waarschuwen (ww)	**προειδοποιώ**	[proiðopió]
wachten (ww)	**περιμένω**	[periméno]
weerspreken (ww)	**αντιλέγω**	[andiléɣo]
weigeren (ww)	**αρνούμαι**	[arnúme]
werken (ww)	**δουλεύω**	[ðulévo]
weten (ww)	**ξέρω**	[kséro]
willen (verlangen)	**θέλω**	[θélʲo]
zeggen (ww)	**λέω**	[léo]
zich haasten (ww)	**βιάζομαι**	[viázome]
zich interesseren voor ...	**ενδιαφέρομαι**	[enðiaférome]
zich vergissen (ww)	**κάνω λάθος**	[káno lʲáθos]
zich verontschuldigen	**ζητώ συγνώμη**	[zitó siɣnómi]
zien (ww)	**βλέπω**	[vlépo]
zijn (ww)	**είμαι**	[íme]
zoeken (ww)	**ψάχνω**	[psáxno]
zwemmen (ww)	**κολυμπώ**	[kolibó]
zwijgen (ww)	**σιωπώ**	[siopó]

TIJD. KALENDER

17. Dagen van de week

maandag (de)	**Δευτέρα** (θηλ.)	[ðeftéra]
dinsdag (de)	**Τρίτη** (θηλ.)	[tríti]
woensdag (de)	**Τετάρτη** (θηλ.)	[tetárti]
donderdag (de)	**Πέμπτη** (θηλ.)	[pémpti]
vrijdag (de)	**Παρασκευή** (θηλ.)	[paraskeví]
zaterdag (de)	**Σάββατο** (ουδ.)	[sávato]
zondag (de)	**Κυριακή** (θηλ.)	[kiriakí]
vandaag (bw)	**σήμερα**	[símera]
morgen (bw)	**αύριο**	[ávrio]
overmorgen (bw)	**μεθαύριο**	[meθávrio]
gisteren (bw)	**χθες, χτες**	[xθes], [xtes]
eergisteren (bw)	**προχτές**	[proxtés]
dag (de)	**μέρα, ημέρα** (θηλ.)	[méra], [iméra]
werkdag (de)	**εργάσιμη μέρα** (θηλ.)	[erɣásimi méra]
feestdag (de)	**αργία** (θηλ.)	[arʝía]
verlofdag (de)	**ρεπό** (ουδ.)	[repó]
weekend (het)	**σαββατοκύριακο** (ουδ.)	[savatokíriako]
de hele dag (bw)	**όλη μέρα**	[óli méra]
de volgende dag (bw)	**την επόμενη μέρα**	[tinepómeni méra]
twee dagen geleden	**δύο μέρες πριν**	[ðío méres prin]
aan de vooravond (bw)	**την παραμονή**	[tin paramoní]
dag-, dagelijks (bn)	**καθημερινός**	[kaθimerinós]
elke dag (bw)	**καθημερινά**	[kaθiminá]
week (de)	**εβδομάδα** (θηλ.)	[evðomáða]
vorige week (bw)	**την προηγούμενη εβδομάδα**	[tin proiɣúmeni evðomáda]
volgende week (bw)	**την επόμενη εβδομάδα**	[tin epómeni evðomáda]
wekelijks (bn)	**εβδομαδιαίος**	[evðomaðiéos]
elke week (bw)	**εβδομαδιαία**	[evðomaðiéa]
twee keer per week	**δύο φορές την εβδομάδα**	[dío forés tinevðomáda]
elke dinsdag	**κάθε Τρίτη**	[káθe tríti]

18. Uren. Dag en nacht

morgen (de)	**πρωί** (ουδ.)	[proí]
's morgens (bw)	**το πρωί**	[to proí]
middag (de)	**μεσημέρι**	[mesiméri]
's middags (bw)	**το απόγευμα**	[to apóʝevma]
avond (de)	**βράδυ** (ουδ.)	[vráði]
's avonds (bw)	**το βράδυ**	[to vráði]

nacht (de)	**νύχτα** (θηλ.)	[níxta]
's nachts (bw)	**τη νύχτα**	[ti níxta]
middernacht (de)	**μεσάνυχτα** (ουδ.πλ.)	[mesánixta]
seconde (de)	**δευτερόλεπτο** (ουδ.)	[ðefterólepto]
minuut (de)	**λεπτό** (ουδ.)	[leptó]
uur (het)	**ώρα** (θηλ.)	[óra]
halfuur (het)	**μισή ώρα** (θηλ.)	[misí óra]
kwartier (het)	**τέταρτο** (ουδ.)	[tétarto]
vijftien minuten	**δεκαπέντε λεπτά**	[ðekapénde leptá]
etmaal (het)	**εικοσιτετράωρο** (ουδ.)	[ikositetráoro]
zonsopgang (de)	**ανατολή** (θηλ.)	[anatolí]
dageraad (de)	**ξημέρωμα** (ουδ.)	[ksiméroma]
vroege morgen (de)	**νωρίς το πρωί** (ουδ.)	[norís to proí]
zonsondergang (de)	**ηλιοβασίλεμα** (ουδ.)	[iliovasílema]
's morgens vroeg (bw)	**νωρίς το πρωί**	[norís to proí]
vanmorgen (bw)	**σήμερα το πρωί**	[símera to proí]
morgenochtend (bw)	**αύριο το πρωί**	[ávrio to proí]
vanmiddag (bw)	**σήμερα το απόγευμα**	[símera to apójevma]
's middags (bw)	**το απόγευμα**	[to apójevma]
morgenmiddag (bw)	**αύριο το απόγευμα**	[ávrio to apójevma]
vanavond (bw)	**απόψε**	[apópse]
morgenavond (bw)	**αύριο το βράδυ**	[ávrio to vráði]
klokslag drie uur	**στις τρεις ακριβώς**	[stis tris akrivós]
ongeveer vier uur	**στις τέσσερις περίπου**	[stis téseris perípu]
tegen twaalf uur	**μέχρι τις δώδεκα**	[méxri tis ðóðeka]
over twintig minuten	**σε είκοσι λεπτά**	[se íkosi leptá]
over een uur	**σε μια ώρα**	[se mia óra]
op tijd (bw)	**έγκαιρα**	[éngera]
kwart voor ...	**παρά τέταρτο**	[pará tétarto]
binnen een uur	**μέσα σε μια ώρα**	[mésa se mia óra]
elk kwartier	**κάθε δεκαπέντε λεπτά**	[káθe ðekapénde leptá]
de klok rond	**όλο το εικοσιτετράωρο**	[ólo to ikositetráoro]

19. Maanden. Seizoenen

januari (de)	**Ιανουάριος** (αρ.)	[januários]
februari (de)	**Φεβρουάριος** (αρ.)	[fevruários]
maart (de)	**Μάρτιος** (αρ.)	[mártios]
april (de)	**Απρίλιος** (αρ.)	[aprílios]
mei (de)	**Μάιος** (αρ.)	[májos]
juni (de)	**Ιούνιος** (αρ.)	[iúnios]
juli (de)	**Ιούλιος** (αρ.)	[iúlios]
augustus (de)	**Αύγουστος** (αρ.)	[ávɣustos]
september (de)	**Σεπτέμβριος** (αρ.)	[septémvrios]
oktober (de)	**Οκτώβριος** (αρ.)	[októvrios]

november (de)	**Νοέμβριος** (αρ.)	[noémvrios]
december (de)	**Δεκέμβριος** (αρ.)	[ðekémvrios]
lente (de)	**άνοιξη** (θηλ.)	[ániksi]
in de lente (bw)	**την άνοιξη**	[tin ániksi]
lente- (abn)	**ανοιξιάτικος**	[aniksiátikos]
zomer (de)	**καλοκαίρι** (ουδ.)	[kalʲokéri]
in de zomer (bw)	**το καλοκαίρι**	[to kalʲokéri]
zomer-, zomers (bn)	**καλοκαιρινός**	[kalʲokerinós]
herfst (de)	**φθινόπωρο** (ουδ.)	[fθinóporo]
in de herfst (bw)	**το φθινόπωρο**	[to fθinóporo]
herfst- (abn)	**φθινοπωρινός**	[fθinoporinós]
winter (de)	**χειμώνας** (αρ.)	[ximónas]
in de winter (bw)	**το χειμώνα**	[to ximóna]
winter- (abn)	**χειμωνιάτικος**	[ximoniátikos]
maand (de)	**μήνας** (αρ.)	[mínas]
deze maand (bw)	**αυτόν το μήνα**	[aftón to mína]
volgende maand (bw)	**τον επόμενο μήνα**	[ton epómeno mína]
vorige maand (bw)	**τον προηγούμενο μήνα**	[ton proiɣúmeno mína]
een maand geleden (bw)	**ένα μήνα πριν**	[éna mína prin]
over een maand (bw)	**σε ένα μήνα**	[se éna mína]
over twee maanden (bw)	**σε δύο μήνες**	[se ðío mínes]
de hele maand (bw)	**ολόκληρος μήνας**	[olʲókliros mínas]
een volle maand (bw)	**ολόκληρος ο μήνας**	[olʲókliros o mínas]
maand-, maandelijks (bn)	**μηνιαίος**	[miniéos]
maandelijks (bw)	**μηνιαία**	[miniéa]
elke maand (bw)	**κάθε μήνα**	[káθe mína]
twee keer per maand	**δύο φορές το μήνα**	[ðío forés tomína]
jaar (het)	**χρόνος** (αρ.)	[xrónos]
dit jaar (bw)	**φέτος**	[fétos]
volgend jaar (bw)	**του χρόνου**	[tu xrónu]
vorig jaar (bw)	**πέρσι**	[pérsi]
een jaar geleden (bw)	**ένα χρόνο πριν**	[éna xróno prin]
over een jaar	**σε ένα χρόνο**	[se éna xróno]
over twee jaar	**σε δύο χρόνια**	[se ðío xrónia]
het hele jaar	**ολόκληρος χρόνος**	[olʲókliros oxrónos]
een vol jaar	**ολόκληρος ο χρόνος**	[olʲókliros o xrónos]
elk jaar	**κάθε χρόνο**	[káθe xróno]
jaar-, jaarlijks (bn)	**ετήσιος**	[etísios]
jaarlijks (bw)	**ετήσια**	[etísia]
4 keer per jaar	**τέσσερις φορές το χρόνο**	[teseris forés toxróno]
datum (de)	**ημερομηνία** (θηλ.)	[imerominía]
datum (de)	**ημερομηνία** (θηλ.)	[imerominía]
kalender (de)	**ημερολόγιο** (ουδ.)	[imerolʲójo]
een half jaar	**μισός χρόνος**	[misós xrónos]
zes maanden	**εξάμηνο** (ουδ.)	[eksámino]

seizoen (bijv. lente, zomer)   εποχή (θηλ.)   [epoxí]
eeuw (de)   αιώνας (αρ.)   [eónas]

REIZEN. HOTEL

20. Trip. Reizen

toerisme (het)	**τουρισμός** (αρ.)	[turizmós]
toerist (de)	**τουρίστας** (αρ.)	[turístas]
reis (de)	**ταξίδι** (ουδ.)	[taksíði]
avontuur (het)	**περιπέτεια** (θηλ.)	[peripétia]
tocht (de)	**ταξίδι** (ουδ.)	[taksíði]
vakantie (de)	**διακοπές** (θηλ.πλ.)	[ðiakopés]
met vakantie zijn	**είμαι σε διακοπές**	[íme se ðiakopés]
rust (de)	**διακοπές** (πλ.)	[ðiakopés]
trein (de)	**τραίνο, τρένο** (ουδ.)	[tréno]
met de trein	**με τρένο**	[me tréno]
vliegtuig (het)	**αεροπλάνο** (ουδ.)	[aeroplʲáno]
met het vliegtuig	**με αεροπλάνο**	[me aeroplʲáno]
met de auto	**με αυτοκίνητο**	[me aftokínito]
per schip (bw)	**με καράβι**	[me karávi]
bagage (de)	**αποσκευές** (θηλ.πλ.)	[aposkevés]
valies (de)	**βαλίτσα** (θηλ.)	[valítsa]
bagagekarretje (het)	**καρότσι αποσκευών** (ουδ.)	[karótsi aposkevón]
paspoort (het)	**διαβατήριο** (ουδ.)	[ðiavatírio]
visum (het)	**βίζα** (θηλ.)	[víza]
kaartje (het)	**εισιτήριο** (ουδ.)	[isitírio]
vliegticket (het)	**αεροπορικό εισιτήριο** (ουδ.)	[aeroporikó isitírio]
reisgids (de)	**ταξιδιωτικός οδηγός** (αρ.)	[taksiðiotikós oðiɣós]
kaart (de)	**χάρτης** (αρ.)	[xártis]
gebied (landelijk ~)	**περιοχή** (θηλ.)	[perioxí]
plaats (de)	**τόπος** (αρ.)	[tópos]
exotische bestemming (de)	**εξωτικά πράγματα** (ουδ.πλ.)	[eksotiká práɣmata]
exotisch (bn)	**εξωτικός**	[eksotikós]
verwonderlijk (bn)	**καταπληκτικός**	[katapliktikós]
groep (de)	**ομάδα** (θηλ.)	[omáða]
rondleiding (de)	**εκδρομή** (θηλ.)	[ekðromí]
gids (de)	**ξεναγός** (αρ.)	[ksenaɣós]

21. Hotel

hotel (het)	**ξενοδοχείο** (ουδ.)	[ksenoðoxío]
motel (het)	**μοτέλ** (ουδ.)	[motélʲ]
3-sterren	**τριών αστέρων**	[trión astéron]

5-sterren	**πέντε αστέρων**	[pénde astéron]
overnachten (ww)	**μένω**	[méno]
kamer (de)	**δωμάτιο** (ουδ.)	[ðomátio]
eenpersoonskamer (de)	**μονόκλινο δωμάτιο** (ουδ.)	[monóklino ðomátio]
tweepersoonskamer (de)	**δίκλινο δωμάτιο** (ουδ.)	[ðíklino ðomátio]
een kamer reserveren	**κλείνω δωμάτιο**	[klíno ðomátio]
halfpension (het)	**ημιδιατροφή** (θηλ.)	[imiðiatrofí]
volpension (het)	**πλήρης διατροφή** (θηλ.)	[plíris ðiatrofí]
met badkamer	**με μπανιέρα**	[me baniéra]
met douche	**με ντους**	[me dúz]
satelliet-tv (de)	**δορυφορική τηλεόραση** (θηλ.)	[ðoriforikí tileórasi]
airconditioner (de)	**κλιματιστικό** (ουδ.)	[klimatistikó]
handdoek (de)	**πετσέτα** (θηλ.)	[petséta]
sleutel (de)	**κλειδί** (ουδ.)	[kliðí]
administrateur (de)	**υπεύθυνος** (αρ.)	[ipéfθinos]
kamermeisje (het)	**καμαριέρα** (θηλ.)	[kamariéra]
piccolo (de)	**αχθοφόρος** (αρ.)	[axθofóros]
portier (de)	**πορτιέρης** (αρ.)	[portiéris]
restaurant (het)	**εστιατόριο** (ουδ.)	[estiatório]
bar (de)	**μπαρ** (ουδ.), **μπυραρία** (θηλ.)	[bar], [biraría]
ontbijt (het)	**πρωινό** (ουδ.)	[proinó]
avondeten (het)	**δείπνο** (ουδ.)	[ðípno]
buffet (het)	**μπουφές** (αρ.)	[bufés]
hal (de)	**φουαγιέ** (ουδ.)	[fuajé]
lift (de)	**ασανσέρ** (ουδ.)	[asansér]
NIET STOREN	**ΜΗΝ ΕΝΟΧΛΕΙΤΕ!**	[min enoxlíte]
VERBODEN TE ROKEN!	**ΑΠΑΓΟΡΕΥΕΤΑΙ ΤΟ ΚΑΠΝΙΣΜΑ**	[apaɣorévete to kápnizma]

22. Bezienswaardigheden

monument (het)	**μνημείο** (ουδ.)	[mnimío]
vesting (de)	**φρούριο** (ουδ.)	[frúrio]
paleis (het)	**παλάτι** (ουδ.)	[paľáti]
kasteel (het)	**κάστρο** (ουδ.)	[kástro]
toren (de)	**πύργος** (αρ.)	[pírɣos]
mausoleum (het)	**μαυσωλείο** (ουδ.)	[mafsolío]
architectuur (de)	**αρχιτεκτονική** (θηλ.)	[arxitektonikí]
middeleeuws (bn)	**μεσαιωνικός**	[meseonikós]
oud (bn)	**αρχαίος**	[arxéos]
nationaal (bn)	**εθνικός**	[eθnikós]
bekend (bn)	**διάσημος**	[ðiásimos]
toerist (de)	**τουρίστας** (αρ.)	[turístas]
gids (de)	**ξεναγός** (αρ.)	[ksenaɣós]

rondleiding (de)	εκδρομή (θηλ.)	[ekðromí]
tonen (ww)	δείχνω	[ðíxno]
vertellen (ww)	διηγούμαι	[ðiiɣúme]
vinden (ww)	βρίσκω	[vrísko]
verdwalen (de weg kwijt zijn)	χάνομαι	[xánome]
plattegrond (~ van de metro)	χάρτης (αρ.)	[xártis]
plattegrond (~ van de stad)	χάρτης (αρ.)	[xártis]
souvenir (het)	ενθύμιο (ουδ.)	[enθímio]
souvenirwinkel (de)	κατάστημα με είδη δώρων (ουδ.)	[katástima me ídi ðóron]
foto's maken	φωτογραφίζω	[fotoɣrafízo]
zich laten fotograferen	βγαίνω φωτογραφία	[vjéno fotoɣrafía]

VERVOER

23. Vliegveld

luchthaven (de)	**αεροδρόμιο** (ουδ.)	[aeroðrómio]
vliegtuig (het)	**αεροπλάνο** (ουδ.)	[aeroplʲáno]
luchtvaartmaatschappij (de)	**αεροπορική εταιρεία** (θηλ.)	[aeroporikí etería]
luchtverkeersleider (de)	**ελεγκτής εναέριας κυκλοφορίας** (αρ.)	[elengtís enaérias kiklʲoforías]
vertrek (het)	**αναχώρηση** (θηλ.)	[anaxórisi]
aankomst (de)	**άφιξη** (θηλ.)	[áfiksi]
aankomen (per vliegtuig)	**φτάνω**	[ftáno]
vertrektijd (de)	**ώρα αναχώρησης** (θηλ.)	[ora anaxórisis]
aankomstuur (het)	**ώρα άφιξης** (θηλ.)	[óra áfiksis]
vertraagd zijn (ww)	**καθυστερώ**	[kaθisteró]
vluchtvertraging (de)	**καθυστέρηση πτήσης** (θηλ.)	[kaθistérisi ptísis]
informatiebord (het)	**πίνακας πληροφοριών** (αρ.)	[pínakas pliroforión]
informatie (de)	**πληροφορίες** (θηλ.πλ.)	[pliroforíes]
aankondigen (ww)	**ανακοινώνω**	[anakinóno]
vlucht (bijv. KLM ~)	**πτήση** (θηλ.)	[ptísi]
douane (de)	**τελωνείο** (ουδ.)	[telʲonío]
douanier (de)	**τελωνειακός** (αρ.)	[telʲoniakós]
douaneaangifte (de)	**τελωνειακή διασάφηση** (θηλ.)	[telʲoniakí ðiasáfisi]
een douaneaangifte invullen	**συμπληρώνω τη δήλωση**	[simbliróno ti ðílʲosi]
paspoortcontrole (de)	**έλεγχος διαβατηρίων** (αρ.)	[élenxos ðiavatiríon]
bagage (de)	**αποσκευές** (θηλ.πλ.)	[aposkevés]
handbagage (de)	**χειραποσκευή** (θηλ.)	[xiraposkeví]
bagagekarretje (het)	**καρότσι αποσκευών** (ουδ.)	[karótsi aposkevón]
landing (de)	**προσγείωση** (θηλ.)	[prozʝíosi]
landingsbaan (de)	**διάδρομος προσγείωσης** (αρ.)	[ðiáðromos prozʝíosis]
landen (ww)	**προσγειώνομαι**	[prozʝiónome]
vliegtuigtrap (de)	**σκάλα αεροσκάφους** (θηλ.)	[skálʲa aeroskáfus]
inchecken (het)	**check-in** (ουδ.)	[ʧek-in]
incheckbalie (de)	**πάγκος ελέγχου εισητηρίων** (αρ.)	[pángos elénxu isitiríon]
inchecken (ww)	**κάνω check-in**	[káno ʧek-in]
instapkaart (de)	**κάρτα επιβίβασης** (θηλ.)	[kárta epivívasis]
gate (de)	**πύλη αναχώρησης** (θηλ.)	[píli anaxórisis]
transit (de)	**διέλευση** (θηλ.)	[ðiélefsi]
wachten (ww)	**περιμένω**	[periméno]

wachtzaal (de)	**αίθουσα αναχώρησης** (θηλ.)	[éθusa anaxórisis]
begeleiden (uitwuiven)	**συνοδεύω**	[sinoðévo]
afscheid nemen (ww)	**αποχαιρετώ**	[apoxeretó]

24. Vliegtuig

vliegtuig (het)	**αεροπλάνο** (ουδ.)	[aeroplʲáno]
vliegticket (het)	**αεροπορικό εισιτήριο** (ουδ.)	[aeroporikó isitírio]
luchtvaartmaatschappij (de)	**αεροπορική εταιρεία** (θηλ.)	[aeroporikí etería]
luchthaven (de)	**αεροδρόμιο** (ουδ.)	[aeroðrómio]
supersonisch (bn)	**υπερηχητικός**	[iperixitikós]
gezagvoerder (de)	**κυβερνήτης** (αρ.)	[kivernítis]
bemanning (de)	**πλήρωμα** (ουδ.)	[plíroma]
piloot (de)	**πιλότος** (αρ.)	[pilʲótos]
stewardess (de)	**αεροσυνοδός** (θηλ.)	[aerosinoðós]
stuurman (de)	**πλοηγός** (αρ.)	[plʲoiɣós]
vleugels (mv.)	**φτερά** (ουδ.πλ.)	[fterá]
staart (de)	**ουρά** (θηλ.)	[urá]
cabine (de)	**πιλοτήριο** (ουδ.)	[pilʲotírio]
motor (de)	**κινητήρας** (αρ.)	[kinitíras]
landingsgestel (het)	**σύστημα προσγείωσης** (ουδ.)	[sístima prosʝíosis]
turbine (de)	**στρόβιλος** (αρ.)	[stróvilʲos]
propeller (de)	**έλικας** (αρ.)	[élikas]
zwarte doos (de)	**μαύρο κουτί** (ουδ.)	[mávro kutí]
stuur (het)	**πηδάλιο** (ουδ.)	[piðálio]
brandstof (de)	**καύσιμο** (ουδ.)	[káfsimo]
veiligheidskaart (de)	**οδηγίες ασφαλείας** (θηλ.πλ.)	[oðiʝíes asfalías]
zuurstofmasker (het)	**μάσκα οξυγόνου** (θηλ.)	[máska oksiɣónu]
uniform (het)	**στολή** (θηλ.)	[stolí]
reddingsvest (de)	**σωσίβιο γιλέκο** (ουδ.)	[sosívio ʝiléko]
parachute (de)	**αλεξίπτωτο** (ουδ.)	[aleksíptoto]
opstijgen (het)	**απογείωση** (θηλ.)	[apoʝíosi]
opstijgen (ww)	**απογειώνομαι**	[apoʝiónome]
startbaan (de)	**διάδρομος απογείωσης** (αρ.)	[ðiáðromos apoʝíosis]
zicht (het)	**ορατότητα** (θηλ.)	[oratótita]
vlucht (de)	**πέταγμα** (ουδ.)	[pétaɣma]
hoogte (de)	**ύψος** (ουδ.)	[ípsos]
luchtzak (de)	**κενό αέρος** (ουδ.)	[kenó aéros]
plaats (de)	**θέση** (θηλ.)	[θési]
koptelefoon (de)	**ακουστικά** (ουδ.πλ.)	[akustiká]
tafeltje (het)	**πτυσσόμενο τραπεζάκι** (ουδ.)	[ptisómeno trapezáki]
venster (het)	**παράθυρο** (ουδ.)	[paráθiro]
gangpad (het)	**διάδρομος** (αρ.)	[ðiáðromos]

25. Trein

trein (de)	**τραίνο, τρένο** (ουδ.)	[tréno]
elektrische trein (de)	**περιφερειακό τρένο** (ουδ.)	[periferiakó tréno]
sneltrein (de)	**τρένο εξπρές** (ουδ.)	[tréno eksprés]
diesellocomotief (de)	**αμαξοστοιχία ντίζελ** (θηλ.)	[amaksostixía dízelʲ]
stoomlocomotief (de)	**ατμάμαξα** (θηλ.)	[atmámaksa]
rijtuig (het)	**βαγόνι** (ουδ.)	[vaɣóni]
restauratierijtuig (het)	**εστιατόριο** (ουδ.)	[estiatório]
rails (mv.)	**ράγες** (θηλ.πλ.)	[rájes]
spoorweg (de)	**σιδηρόδρομος** (αρ.)	[siðiróðromos]
dwarsligger (de)	**στρωτήρας** (αρ.)	[strotíras]
perron (het)	**πλατφόρμα** (θηλ.)	[plʲatfórma]
spoor (het)	**αποβάθρα** (θηλ.)	[apováθra]
semafoor (de)	**σηματοδότης** (αρ.)	[simatoðótis]
halte (bijv. kleine treinhalte)	**σταθμός** (αρ.)	[staθmós]
machinist (de)	**οδηγός τρένου** (αρ.)	[oðiɣós trénu]
kruier (de)	**αχθοφόρος** (αρ.)	[axθofóros]
conducteur (de)	**συνοδός** (αρ.)	[sinoðós]
passagier (de)	**επιβάτης** (αρ.)	[epivátis]
controleur (de)	**ελεγκτής εισιτηρίων** (αρ.)	[elengtís isitiríon]
gang (in een trein)	**διάδρομος** (αρ.)	[ðiáðromos]
noodrem (de)	**φρένο έκτακτης ανάγκης** (ουδ.)	[fréno éktaktis anángis]
coupé (de)	**κουπέ** (ουδ.)	[kupé]
bed (slaapplaats)	**κουκέτα** (θηλ.)	[kukéta]
bovenste bed (het)	**πάνω κουκέτα** (θηλ.)	[páno kukéta]
onderste bed (het)	**κάτω κουκέτα** (θηλ.)	[káto kukéta]
beddengoed (het)	**σεντόνια** (ουδ.πλ.)	[sendónia]
kaartje (het)	**εισιτήριο** (ουδ.)	[isitírio]
dienstregeling (de)	**δρομολόγιο** (ουδ.)	[ðromolʲójo]
informatiebord (het)	**πίνακας πληροφοριών** (αρ.)	[pínakas pliroforión]
vertrekken (De trein vertrekt ...)	**αναχωρώ**	[anaxoró]
vertrek (ov. een trein)	**αναχώρηση** (θηλ.)	[anaxórisi]
aankomen (ov. de treinen)	**φτάνω**	[ftáno]
aankomst (de)	**άφιξη** (θηλ.)	[áfiksi]
aankomen per trein	**έρχομαι με τρένο**	[érxome me tréno]
in de trein stappen	**ανεβαίνω στο τρένο**	[anevéno sto tréno]
uit de trein stappen	**κατεβαίνω από το τρένο**	[katevéno apó to tréno]
treinwrak (het)	**πρόσκρουση τρένου** (θηλ.)	[próskrusi trénu]
stoker (de)	**θερμαστής** (αρ.)	[θermastís]
stookplaats (de)	**θάλαμο καύσης** (ουδ.)	[θálʲamo káfsis]
steenkool (de)	**κάρβουνο** (ουδ.)	[kárvuno]

26. Schip

schip (het)	**πλοίο** (ουδ.)	[plío]
vaartuig (het)	**σκάφος** (ουδ.)	[skáfos]
stoomboot (de)	**ατμόπλοιο** (ουδ.)	[atmóplio]
motorschip (het)	**ποταμόπλοιο** (ουδ.)	[potamóplio]
lijnschip (het)	**κρουαζιερόπλοιο** (ουδ.)	[kruazieróplio]
kruiser (de)	**καταδρομικό** (ουδ.)	[kataðromikó]
jacht (het)	**κότερο** (ουδ.)	[kótero]
sleepboot (de)	**ρυμουλκό** (ουδ.)	[rimulʲkó]
duwbak (de)	**φορτηγίδα** (θηλ.)	[fortʝíða]
ferryboot (de)	**φέρι μποτ** (ουδ.)	[féri bot]
zeilboot (de)	**ιστιοφόρο** (ουδ.)	[istiofóro]
brigantijn (de)	**βριγαντίνο** (ουδ.)	[vriɣantíno]
ijsbreker (de)	**παγοθραυστικό** (ουδ.)	[paɣoθrafstikó]
duikboot (de)	**υποβρύχιο** (ουδ.)	[ipovríxo]
boot (de)	**βάρκα** (θηλ.)	[várka]
sloep (de)	**λέμβος** (θηλ.)	[lémvos]
reddingssloep (de)	**σωσίβια λέμβος** (θηλ.)	[sosívia lémvos]
motorboot (de)	**ταχύπλοο** (ουδ.)	[taxíplʲoo]
kapitein (de)	**καπετάνιος** (αρ.)	[kapetánios]
zeeman (de)	**ναύτης** (αρ.)	[náftis]
matroos (de)	**ναυτικός** (αρ.)	[naftikós]
bemanning (de)	**πλήρωμα** (ουδ.)	[plíroma]
bootsman (de)	**λοστρόμος** (αρ.)	[lʲostrómos]
scheepsjongen (de)	**μούτσος** (αρ.)	[mútsos]
kok (de)	**μάγειρας** (αρ.)	[máʝiras]
scheepsarts (de)	**ιατρός πλοίου** (αρ.)	[ʝatrós plíu]
dek (het)	**κατάστρωμα** (ουδ.)	[katástroma]
mast (de)	**κατάρτι** (ουδ.)	[katárti]
zeil (het)	**ιστίο** (ουδ.)	[istío]
ruim (het)	**αμπάρι** (ουδ.)	[ambári]
voorsteven (de)	**πλώρη** (θηλ.)	[plóri]
achtersteven (de)	**πρύμνη** (θηλ.)	[prímni]
roeispaan (de)	**κουπί** (ουδ.)	[kupí]
schroef (de)	**προπέλα** (θηλ.)	[propélʲa]
kajuit (de)	**καμπίνα** (θηλ.)	[kabína]
officierskamer (de)	**αίθουσα αξιωματικών** (ουδ.)	[éθusa aksiomatikón]
machinekamer (de)	**μηχανοστάσιο** (ουδ.)	[mixanostásio]
brug (de)	**γέφυρα** (θηλ.)	[ʝéfira]
radiokamer (de)	**θάλαμος επικοινωνιών** (αρ.)	[θálamos epikinonión]
radiogolf (de)	**κύμα** (ουδ.)	[kíma]
logboek (het)	**ημερολόγιο πλοίου** (ουδ.)	[imerolʲóʝo plíu]
verrekijker (de)	**κυάλι** (ουδ.)	[kiáli]
klok (de)	**καμπάνα** (θηλ.)	[kabána]

vlag (de)	**σημαία** (θηλ.)	[siméa]
kabel (de)	**παλαμάρι** (ουδ.)	[palʲamári]
knoop (de)	**κόμβος** (αρ.)	[kómvos]
leuning (de)	**κουπαστή** (θηλ.)	[kupastí]
trap (de)	**σκάλα επιβιβάσεως** (θηλ.)	[skálʲa epiviváseos]
anker (het)	**άγκυρα** (θηλ.)	[ángira]
het anker lichten	**σηκώνω άγκυρα**	[sikóno ángira]
het anker neerlaten	**ρίχνω άγκυρα**	[ríxno ángira]
ankerketting (de)	**αλυσίδα της άγκυρας** (θηλ.)	[alisíða tis ángiras]
haven (bijv. containerhaven)	**λιμάνι** (ουδ.)	[limáni]
kaai (de)	**προβλήτα** (θηλ.)	[provlíta]
aanleggen (ww)	**αράζω**	[arázo]
wegvaren (ww)	**σαλπάρω**	[salʲpáro]
reis (de)	**ταξίδι** (ουδ.)	[taksíði]
cruise (de)	**κρουαζιέρα** (θηλ.)	[kruaziéra]
koers (de)	**ρότα, πορεία** (θηλ.)	[róta], [poría]
route (de)	**δρομολόγιο** (ουδ.)	[ðromolʲóʝo]
vaarwater (het)	**πλωτό μέρος** (ουδ.)	[plʲotó méros]
zandbank (de)	**ρηχά** (ουδ.πλ.)	[rixá]
stranden (ww)	**εξοκέλλω**	[eksokélʲo]
storm (de)	**καταιγίδα** (θηλ.)	[kateʝíða]
signaal (het)	**σήμα** (ουδ.)	[síma]
zinken (ov. een boot)	**βυθίζομαι**	[viθízome]
SOS (noodsignaal)	**SOS** (ουδ.)	[es-o-es]
reddingsboei (de)	**σωσίβιο** (ουδ.)	[sosívio]

STAD

27. Stedelijk vervoer

bus, autobus (de)	**λεωφορείο** (ουδ.)	[leoforío]
tram (de)	**τραμ** (ουδ.)	[tram]
trolleybus (de)	**τρόλεϊ** (ουδ.)	[trólej]
route (de)	**δρομολόγιο** (ουδ.)	[ðromolʲójo]
nummer (busnummer, enz.)	**αριθμός** (αρ.)	[ariθmós]
rijden met ...	**πηγαίνω με ...**	[pijéno me]
stappen (in de bus ~)	**ανεβαίνω**	[anevéno]
afstappen (ww)	**κατεβαίνω**	[katevéno]
halte (de)	**στάση** (θηλ.)	[stási]
volgende halte (de)	**επόμενη στάση** (θηλ.)	[epómeni stási]
eindpunt (het)	**τερματικός σταθμός** (αρ.)	[termatikós staθmós]
dienstregeling (de)	**δρομολόγιο** (ουδ.)	[ðromolʲójo]
wachten (ww)	**περιμένω**	[periméno]
kaartje (het)	**εισιτήριο** (ουδ.)	[isitírio]
reiskosten (de)	**τιμή εισιτηρίου** (θηλ.)	[timí isitiríu]
kassier (de)	**ταμίας** (αρ./θηλ.)	[tamías]
kaartcontrole (de)	**έλεγχος εισιτηρίων** (αρ.)	[élenxos isitiríon]
controleur (de)	**ελεγκτής εισιτηρίων** (αρ.)	[elengtís isitiríon]
te laat zijn (ww)	**καθυστερώ**	[kaθisteró]
missen (de bus ~)	**καθυστερώ**	[kaθisteró]
zich haasten (ww)	**βιάζομαι**	[viázome]
taxi (de)	**ταξί** (ουδ.)	[taksí]
taxichauffeur (de)	**ταξιτζής** (αρ.)	[taksidzís]
met de taxi (bw)	**με ταξί**	[me taksí]
taxistandplaats (de)	**πιάτσα ταξί** (θηλ.)	[piátsa taksí]
een taxi bestellen	**καλώ ταξί**	[kalʲó taksí]
een taxi nemen	**παίρνω ταξί**	[pérno taksí]
verkeer (het)	**κίνηση** (θηλ.)	[kínisi]
file (de)	**μποτιλιάρισμα** (ουδ.)	[botiliárizma]
spitsuur (het)	**ώρα αιχμής** (θηλ.)	[óra exmís]
parkeren (on.ww.)	**παρκάρω**	[parkáro]
parkeren (ov.ww.)	**παρκάρω**	[parkáro]
parking (de)	**πάρκινγκ** (ουδ.)	[párking]
metro (de)	**μετρό** (ουδ.)	[metró]
halte (bijv. kleine treinhalte)	**σταθμός** (αρ.)	[staθmós]
de metro nemen	**παίρνω το μετρό**	[pérno to metró]
trein (de)	**τραίνο, τρένο** (ουδ.)	[tréno]
station (treinstation)	**σιδηροδρομικός σταθμός** (αρ.)	[siðiroðromikós staθmós]

28. Stad. Het leven in de stad

stad (de)	**πόλη** (θηλ.)	[póli]
hoofdstad (de)	**πρωτεύουσα** (θηλ.)	[protévusa]
dorp (het)	**χωριό** (ουδ.)	[xorió]
plattegrond (de)	**χάρτης πόλης** (αρ.)	[xártis pólis]
centrum (ov. een stad)	**κέντρο της πόλης** (ουδ.)	[kéndro tis pólis]
voorstad (de)	**προάστιο** (ουδ.)	[proástio]
voorstads- (abn)	**προαστιακός**	[proastiakós]
randgemeente (de)	**προάστια** (ουδ.πλ.)	[proástia]
omgeving (de)	**περίχωρα** (πλ.)	[períxora]
blok (huizenblok)	**συνοικία** (θηλ.)	[sinikía]
woonwijk (de)	**οικιστικό τετράγωνο** (ουδ.)	[ikistikó tetráɣono]
verkeer (het)	**κίνηση** (θηλ.)	[kínisi]
verkeerslicht (het)	**φανάρι** (ουδ.)	[fanári]
openbaar vervoer (het)	**δημόσιες συγκοινωνίες** (θηλ.πλ.)	[ðimósies singinoníes]
kruispunt (het)	**διασταύρωση** (θηλ.)	[ðiastávrosi]
zebrapad (oversteekplaats)	**διάβαση πεζών** (θηλ.)	[ðiávasi pezón]
onderdoorgang (de)	**υπόγεια διάβαση** (θηλ.)	[ipójia ðiávasi]
oversteken (de straat ~)	**περνάω, διασχίζω**	[pernáo], [ðiasxízo]
voetganger (de)	**πεζός** (αρ.)	[pezós]
trottoir (het)	**πεζοδρόμιο** (ουδ.)	[pezoðrómio]
brug (de)	**γέφυρα** (θηλ.)	[jéfira]
dijk (de)	**προκυμαία** (θηλ.)	[prokiméa]
fontein (de)	**κρήνη** (θηλ.)	[kríni]
allee (de)	**αλέα** (θηλ.)	[aléa]
park (het)	**πάρκο** (ουδ.)	[párko]
boulevard (de)	**λεωφόρος** (θηλ.)	[leofóros]
plein (het)	**πλατεία** (θηλ.)	[plʲatía]
laan (de)	**λεωφόρος** (θηλ.)	[leofóros]
straat (de)	**δρόμος** (αρ.)	[ðrómos]
zijstraat (de)	**παράδρομος** (αρ.)	[paráðromos]
doodlopende straat (de)	**αδιέξοδο** (ουδ.)	[aðiéksoðo]
huis (het)	**σπίτι** (ουδ.)	[spíti]
gebouw (het)	**κτίριο** (ουδ.)	[ktírio]
wolkenkrabber (de)	**ουρανοξύστης** (αρ.)	[uranoksístis]
gevel (de)	**πρόσοψη** (θηλ.)	[prósopsi]
dak (het)	**στέγη** (θηλ.)	[stéji]
venster (het)	**παράθυρο** (ουδ.)	[paráθiro]
boog (de)	**αψίδα** (θηλ.)	[apsíða]
pilaar (de)	**κολόνα** (θηλ.)	[kolʲóna]
hoek (ov. een gebouw)	**γωνία** (θηλ.)	[ɣonía]
vitrine (de)	**βιτρίνα** (θηλ.)	[vitrína]
gevelreclame (de)	**ταμπέλα** (θηλ.)	[tabélʲa]
affiche (de/het)	**αφίσα** (θηλ.)	[afísa]

reclameposter (de)	**διαφημιστική αφίσα** (θηλ.)	[ðiafimistikí afísa]
aanplakbord (het)	**διαφημιστική πινακίδα** (θηλ.)	[ðiafimistikí pinakíða]
vuilnis (de/het)	**σκουπίδια** (ουδ.πλ.)	[skupíðia]
vuilnisbak (de)	**σκουπιδοτενεκές** (αρ.)	[skupiðotenekés]
afval weggooien (ww)	**λερώνω με σκουπίδια**	[leróno me skupíðia]
stortplaats (de)	**χωματερή** (θηλ.)	[xomaterí]
telefooncel (de)	**τηλεφωνικός θάλαμος** (αρ.)	[tilefonikós θálʲamos]
straatlicht (het)	**φανοστάτης** (αρ.)	[fanostátis]
bank (de)	**παγκάκι** (ουδ.)	[pangáki]
politieagent (de)	**αστυνομικός** (αρ.)	[astinomikós]
politie (de)	**αστυνομία** (θηλ.)	[astinomía]
zwerver (de)	**ζητιάνος** (αρ.)	[zitiános]
dakloze (de)	**άστεγος** (αρ.)	[ásteɣos]

29. Stedelijke instellingen

winkel (de)	**κατάστημα** (ουδ.)	[katástima]
apotheek (de)	**φαρμακείο** (ουδ.)	[farmakío]
optiek (de)	**κατάστημα οπτικών** (ουδ.)	[katástima optikón]
winkelcentrum (het)	**εμπορικό κέντρο** (ουδ.)	[emborikó kéndro]
supermarkt (de)	**σουπερμάρκετ** (ουδ.)	[supermárket]
bakkerij (de)	**αρτοπωλείο** (ουδ.)	[artopolío]
bakker (de)	**φούρναρης** (αρ.)	[fúrnaris]
banketbakkerij (de)	**ζαχαροπλαστείο** (ουδ.)	[zaxaroplʲastío]
kruidenier (de)	**μπακάλικο** (ουδ.)	[bakáliko]
slagerij (de)	**κρεοπωλείο** (ουδ.)	[kreopolío]
groentewinkel (de)	**μανάβικο** (ουδ.)	[manáviko]
markt (de)	**αγορά, λαϊκή** (θηλ.)	[aɣorá], [lʲajkí]
koffiehuis (het)	**καφετέρια** (θηλ.)	[kafetéria]
restaurant (het)	**εστιατόριο** (ουδ.)	[estiatório]
bar (de)	**μπαρ** (ουδ.), **μπυραρία** (θηλ.)	[bar], [biraría]
pizzeria (de)	**πιτσαρία** (θηλ.)	[pitsaría]
kapperssalon (de/het)	**κομμωτήριο** (ουδ.)	[komotírio]
postkantoor (het)	**ταχυδρομείο** (ουδ.)	[taxiðromío]
stomerij (de)	**στεγνοκαθαριστήριο** (ουδ.)	[steɣnokaθaristírio]
fotostudio (de)	**φωτογραφείο** (ουδ.)	[fotoɣrafío]
schoenwinkel (de)	**κατάστημα παπουτσιών** (ουδ.)	[katástima paputsión]
boekhandel (de)	**βιβλιοπωλείο** (ουδ.)	[vivliopolío]
sportwinkel (de)	**κατάστημα αθλητικών ειδών** (ουδ.)	[katástima aθlitikón iðón]
kledingreparatie (de)	**κατάστημα επιδιορθώσεων ενδυμάτων** (ουδ.)	[katástima epiðiorθóseon enðimáton]
kledingverhuur (de)	**ενοικίαση ενδυμάτων** (θηλ.)	[enikíasi enðimáton]
videotheek (de)	**κατάστημα ενοικίασης βίντεο** (ουδ.)	[katástima enikíasis vídeo]

circus (de/het)	**τσίρκο** (ουδ.)	[tsírko]
dierentuin (de)	**ζωολογικός κήπος** (αρ.)	[zooljojikós kípos]
bioscoop (de)	**κινηματογράφος** (αρ.)	[kinimatoɣráfos]
museum (het)	**μουσείο** (ουδ.)	[musío]
bibliotheek (de)	**βιβλιοθήκη** (θηλ.)	[vivlioθíki]
theater (het)	**θέατρο** (ουδ.)	[θéatro]
opera (de)	**όπερα** (θηλ.)	[ópera]
nachtclub (de)	**νυχτερινό κέντρο** (ουδ.)	[nixterinó kéndro]
casino (het)	**καζίνο** (ουδ.)	[kazíno]
moskee (de)	**τζαμί** (ουδ.)	[dzamí]
synagoge (de)	**συναγωγή** (θηλ.)	[sinaɣojí]
kathedraal (de)	**καθεδρικός** (αρ.)	[kaθeðrikós]
tempel (de)	**ναός** (αρ.)	[naós]
kerk (de)	**εκκλησία** (θηλ.)	[eklisía]
instituut (het)	**πανεπιστήμιο** (ουδ.)	[panepistímio]
universiteit (de)	**πανεπιστήμιο** (ουδ.)	[panepistímio]
school (de)	**σχολείο** (ουδ.)	[sxolío]
gemeentehuis (het)	**νομός** (αρ.)	[nómos]
stadhuis (het)	**δημαρχείο** (ουδ.)	[ðimarxío]
hotel (het)	**ξενοδοχείο** (ουδ.)	[ksenoðoxío]
bank (de)	**τράπεζα** (θηλ.)	[trápeza]
ambassade (de)	**πρεσβεία** (θηλ.)	[prezvía]
reisbureau (het)	**ταξιδιωτικό γραφείο** (ουδ.)	[taksiðiotikó ɣrafío]
informatieloket (het)	**γραφείο πληροφοριών** (ουδ.)	[ɣrafío pliroforión]
wisselkantoor (het)	**ανταλλακτήριο συναλλάγματος** (ουδ.)	[andaljaktírio sinaljáɣmatos]
metro (de)	**μετρό** (ουδ.)	[metró]
ziekenhuis (het)	**νοσοκομείο** (ουδ.)	[nosokomío]
benzinestation (het)	**βενζινάδικο** (ουδ.)	[venzináðiko]
parking (de)	**πάρκινγκ** (ουδ.)	[párking]

30. Borden

gevelreclame (de)	**ταμπέλα** (θηλ.)	[tabélja]
opschrift (het)	**επιγραφή** (θηλ.)	[epiɣrafí]
poster (de)	**αφίσα, πόστερ** (ουδ.)	[afísa], [póster]
wegwijzer (de)	**πινακίδα** (θηλ.)	[pinakíða]
pijl (de)	**βελάκι** (ουδ.)	[veljáki]
waarschuwing (verwittiging)	**προειδοποίηση** (θηλ.)	[proiðopíisi]
waarschuwingsbord (het)	**προειδοποίηση** (θηλ.)	[proiðopíisi]
waarschuwen (ww)	**προειδοποιώ**	[proiðopió]
vrije dag (de)	**ρεπό** (ουδ.)	[repó]
dienstregeling (de)	**ωράριο** (ουδ.)	[orário]
openingsuren (mv.)	**ώρες λειτουργίας** (θηλ.πλ.)	[óres liturjías]
WELKOM!	**ΚΑΛΩΣ ΗΡΘΑΤΕ!**	[kaljos írθate]

INGANG	ΕΙΣΟΔΟΣ	[ísoðos]
UITGANG	ΕΞΟΔΟΣ	[éksoðos]
DUWEN	ΩΘΗΣΑΤΕ	[oθísate]
TREKKEN	ΕΛΞΑΤΕ	[élʲksate]
OPEN	ΑΝΟΙΚΤΟ	aníkto
GESLOTEN	ΚΛΕΙΣΤΟ	[klísto]
DAMES	ΓΥΝΑΙΚΩΝ	[jinekón]
HEREN	ΑΝΔΡΕΣ	[ánðres]
KORTING	ΕΚΠΤΩΣΕΙΣ	[ekptósis]
UITVERKOOP	ΞΕΠΟΥΛΗΜΑ	[ksepúlima]
NIEUW!	ΝΕΟ!	[néo]
GRATIS	ΔΩΡΕΑΝ	[ðoreán]
PAS OP!	ΠΡΟΣΟΧΗ!	[prosoxí]
VOLGEBOEKT	ΔΕΝ ΥΠΑΡΧΟΥΝ	[ðen ipárxun
	ΚΕΝΑ ΔΩΜΑΤΙΑ	kená ðomátia]
GERESERVEERD	ΡΕΖΕΡΒΕ	[rezervé]
ADMINISTRATIE	ΔΙΕΥΘΥΝΤΗΣ	[ðiéfθindis]
ALLEEN VOOR PERSONEEL	ΜΟΝΟ ΓΙΑ ΤΟ ΠΡΟΣΩΠΙΚΟ	[móno ja to prosopikó]
GEVAARLIJKE HOND	ΠΡΟΣΟΧΗ ΣΚΥΛΟΣ	[prosoxí skílʲos]
VERBODEN TE ROKEN!	ΑΠΑΓΟΡΕΥΕΤΑΙ	[apaγorévete
	ΤΟ ΚΑΠΝΙΣΜΑ	to kápnizma]
NIET AANRAKEN!	ΜΗΝ ΑΓΓΙΖΕΤΕ!	[min angízete]
GEVAARLIJK	ΚΙΝΔΥΝΟΣ	[kínðinos]
GEVAAR	ΚΙΝΔΥΝΟΣ	[kínðinos]
HOOGSPANNING	ΥΨΗΛΗ ΤΑΣΗ	[ípseli tási]
VERBODEN TE ZWEMMEN	ΑΠΑΓΟΡΕΥΕΤΑΙ	[apaγorévete
	ΤΟ ΚΟΛΥΜΠΙ	to kolíbi]
BUITEN GEBRUIK	ΕΚΤΟΣ ΛΕΙΤΟΥΡΓΙΑΣ	éktos liturjías
ONTVLAMBAAR	ΕΥΦΛΕΚΤΟ	[éflekto]
VERBODEN	ΑΠΑΓΟΡΕΥΕΤΑΙ	[apaγorévete]
DOORGANG VERBODEN	ΑΠΑΓΟΡΕΥΕΤΑΙ	[apaγorévete
	ΤΟ ΠΕΡΑΣΜΑ	to pérazma]
OPGELET PAS GEVERFD	ΦΡΕΣΚΟΒΑΜΜΕΝΟ	[frésko vaméno]

31. Winkelen

kopen (ww)	αγοράζω	[aγorázo]
aankoop (de)	αγορά (θηλ.)	[aγorá]
winkelen (ww)	ψωνίζω	[psonízo]
winkelen (het)	shopping (ουδ.)	[ʃópiŋ]
open zijn (ov. een winkel, enz.)	λειτουργώ	[liturγó]
gesloten zijn (ww)	κλείνω	[klíno]
schoeisel (het)	υποδήματα (ουδ.πλ.)	[ipoðímata]

kleren (mv.)	**ενδύματα** (ουδ.πλ.)	[enðímata]
cosmetica (mv.)	**καλλυντικά** (ουδ.πλ.)	[kalindiká]
voedingswaren (mv.)	**τρόφιμα** (ουδ.πλ.)	[trófima]
geschenk (het)	**δώρο** (ουδ.)	[ðóro]
verkoper (de)	**πωλητής** (αρ.)	[politís]
verkoopster (de)	**πωλήτρια** (θηλ.)	[polítria]
kassa (de)	**ταμείο** (ουδ.)	[tamío]
spiegel (de)	**καθρέφτης** (αρ.)	[kaθréftis]
toonbank (de)	**πάγκος** (αρ.)	[pángos]
paskamer (de)	**δοκιμαστήριο** (ουδ.)	[ðokimastírio]
aanpassen (ww)	**δοκιμάζω**	[ðokimázo]
passen (ov. kleren)	**ταιριάζω**	[teriázo]
bevallen (prettig vinden)	**μου αρέσει**	[mu arési]
prijs (de)	**τιμή** (θηλ.)	[timí]
prijskaartje (het)	**καρτέλα τιμής** (θηλ.)	[kartélʲa timís]
kosten (ww)	**κοστίζω**	[kostízo]
Hoeveel?	**Πόσο κάνει;**	póso káni?
korting (de)	**έκπτωση** (θηλ.)	[ékptosi]
niet duur (bn)	**φτηνός**	[ftinós]
goedkoop (bn)	**φτηνός**	[ftinós]
duur (bn)	**ακριβός**	[akrivós]
Dat is duur.	**Είναι ακριβός**	[íne akrivós]
verhuur (de)	**ενοικίαση** (θηλ.)	[enikíasi]
huren (smoking, enz.)	**νοικιάζω**	[nikiázo]
krediet (het)	**πίστωση** (θηλ.)	[pístosi]
op krediet (bw)	**με πίστωση**	[me pístosi]

KLEDING EN ACCESSOIRES

32. Bovenkleding. Jassen

kleren (mv.)	**ενδύματα** (ουδ.πλ.)	[enðímata]
bovenkleding (de)	**πανωφόρια** (ουδ.πλ.)	[panofória]
winterkleding (de)	**χειμωνιάτικα ρούχα** (ουδ.πλ.)	[ximoniátika rúxa]
jas (de)	**παλτό** (ουδ.)	[palʲtó]
bontjas (de)	**γούνα** (θηλ.)	[ɣúna]
bontjasje (het)	**κοντογούνι** (ουδ.)	[kondoɣúni]
donzen jas (de)	**πουπουλένιο μπουφάν** (ουδ.)	[pupulénio bufán]
jasje (bijv. een leren ~)	**μπουφάν** (ουδ.)	[bufán]
regenjas (de)	**αδιάβροχο** (ουδ.)	[aðiávroxo]
waterdicht (bn)	**αδιάβροχος**	[aðiávroxos]

33. Heren & dames kleding

overhemd (het)	**πουκάμισο** (ουδ.)	[pukámiso]
broek (de)	**παντελόνι** (ουδ.)	[pandelʲóni]
jeans (de)	**τζιν** (ουδ.)	[dzin]
colbert (de)	**σακάκι** (ουδ.)	[sakáki]
kostuum (het)	**κοστούμι** (ουδ.)	[kostúmi]
jurk (de)	**φόρεμα** (ουδ.)	[fórema]
rok (de)	**φούστα** (θηλ.)	[fústa]
blouse (de)	**μπλούζα** (θηλ.)	[blʲúza]
wollen vest (de)	**ζακέτα** (θηλ.)	[zakéta]
blazer (kort jasje)	**σακάκι** (ουδ.)	[sakáki]
T-shirt (het)	**μπλουζάκι** (ουδ.)	[blʲuzáki]
shorts (mv.)	**σορτς** (ουδ.)	[sorts]
trainingspak (het)	**αθλητική φόρμα** (θηλ.)	[aθlitikí fórma]
badjas (de)	**μπουρνούζι** (ουδ.)	[burnúzi]
pyjama (de)	**πιτζάμα** (θηλ.)	[pidzáma]
sweater (de)	**πουλόβερ** (ουδ.)	[pulʲóver]
pullover (de)	**πουλόβερ** (ουδ.)	[pulʲóver]
gilet (het)	**γιλέκο** (ουδ.)	[jiléko]
rokkostuum (het)	**φράκο** (ουδ.)	[fráko]
smoking (de)	**σμόκιν** (ουδ.)	[smókin]
uniform (het)	**στολή** (θηλ.)	[stolí]
werkkleding (de)	**τα ρούχα της δουλειάς** (ουδ.πλ.)	[ta rúxa tis ðuliás]
overall (de)	**φόρμα** (θηλ.)	[fórma]
doktersjas (de)	**ρόμπα** (θηλ.)	[rómpa]

34. Kleding. Ondergoed

ondergoed (het)	**εσώρουχα** (ουδ.πλ.)	[esóruxa]
onderhemd (het)	**φανέλα** (θηλ.)	[fanélʲa]
sokken (mv.)	**κάλτσες** (θηλ.πλ.)	[kálʲtses]
nachthemd (het)	**νυχτικό** (ουδ.)	[nixtikó]
beha (de)	**σουτιέν** (ουδ.)	[sutién]
kniekousen (mv.)	**κάλτσες μέχρι το γόνατο** (θηλ.πλ.)	[kálʲtses méxri to ɣónato]
panty (de)	**καλτσόν** (ουδ.)	[kalʲtsón]
nylonkousen (mv.)	**κάλτσες** (θηλ.πλ.)	[kálʲtses]
badpak (het)	**μαγιό** (ουδ.)	[majió]

35. Hoofddeksels

hoed (de)	**καπέλο** (ουδ.)	[kapélʲo]
deukhoed (de)	**καπέλο, φεντόρα** (ουδ.)	[kapélʲo], [fedóra]
honkbalpet (de)	**καπέλο του μπέιζμπολ** (ουδ.)	[kapélʲo tu béjzbolʲ]
kleppet (de)	**κασκέτο** (ουδ.)	[kaskéto]
baret (de)	**μπερές** (αρ.)	[berés]
kap (de)	**κουκούλα** (θηλ.)	[kukúlʲa]
panamahoed (de)	**παναμάς** (αρ.)	[panamás]
gebreide muts (de)	**πλεκτό καπέλο** (ουδ.)	[plektó kapélʲo]
hoofddoek (de)	**μαντήλι** (ουδ.)	[mandíli]
dameshoed (de)	**γυναικείο καπέλο** (ουδ.)	[jinekío kapélʲo]
veiligheidshelm (de)	**κράνος** (ουδ.)	[krános]
veldmuts (de)	**δίκοχο** (ουδ.)	[ðíkoxo]
helm, valhelm (de)	**κράνος** (ουδ.)	[krános]
bolhoed (de)	**μπόουλερ** (αρ.)	[bóuler]
hoge hoed (de)	**ψηλό καπέλο** (ουδ.)	[psilʲó kapélʲo]

36. Schoeisel

schoeisel (het)	**υποδήματα** (ουδ.πλ.)	[ipoðímata]
schoenen (mv.)	**παπούτσια** (ουδ.πλ.)	[papútsia]
vrouwenschoenen (mv.)	**γόβες** (θηλ.πλ.)	[ɣóves]
laarzen (mv.)	**μπότες** (θηλ.πλ.)	[bótes]
pantoffels (mv.)	**παντόφλες** (θηλ.πλ.)	[pandófles]
sportschoenen (mv.)	**αθλητικά** (ουδ.πλ.)	[aθlitiká]
sneakers (mv.)	**αθλητικά παπούτσια** (ουδ.πλ.)	[aθlitiká papútsia]
sandalen (mv.)	**σανδάλια** (ουδ.)	[sanðália]
schoenlapper (de)	**τσαγκάρης** (αρ.)	[tsangáris]
hiel (de)	**τακούνι** (ουδ.)	[takúni]
paar (een ~ schoenen)	**ζευγάρι** (ουδ.)	[zevɣári]

veter (de)	κορδόνι (ουδ.)	[korðóni]
rijgen (schoenen ~)	δένω τα κορδόνια	[ðéno ta korðónia]
schoenlepel (de)	κόκκαλο παπουτσιών (ουδ.)	[kókalʲo paputsion]
schoensmeer (de/het)	κρέμα παπουτσιών (θηλ.)	[kréma paputsión]

37. Persoonlijke accessoires

| handschoenen (mv.) | γάντια (ουδ.πλ.) | [ɣándia] |
| sjaal (fleece ~) | κασκόλ (ουδ.) | [kaskólʲ] |

bril (de)	γυαλιά (ουδ.πλ.)	[ʝaliá]
brilmontuur (het)	σκελετός (αρ.)	[skeletós]
paraplu (de)	ομπρέλα (θηλ.)	[ombrélʲa]
wandelstok (de)	μπαστούνι (ουδ.)	[bastúni]
haarborstel (de)	βούρτσα (θηλ.)	[vúrtsa]
waaier (de)	βεντάλια (θηλ.)	[vendália]

das (de)	γραβάτα (θηλ.)	[ɣraváta]
strikje (het)	παπιγιόν (ουδ.)	[papiʝón]
bretels (mv.)	τιράντες (θηλ.πλ.)	[tirándes]
zakdoek (de)	μαντήλι (ουδ.)	[mandíli]

kam (de)	χτένα (θηλ.)	[xténa]
haarspeldje (het)	φουρκέτα (θηλ.)	[furkéta]
schuifspeldje (het)	φουρκέτα (θηλ.)	[furkéta]
gesp (de)	πόρπη (θηλ.)	[pórpi]

| broekriem (de) | ζώνη (θηλ.) | [zóni] |
| draagriem (de) | λουρί (αρ.) | [lʲurí] |

handtas (de)	τσάντα (θηλ.)	[tsánda]
damestas (de)	τσάντα (θηλ.)	[tsánda]
rugzak (de)	σακίδιο (ουδ.)	[sakíðio]

38. Kleding. Diversen

mode (de)	μόδα (θηλ.)	[móða]
de mode (bn)	της μόδας	[tis móðas]
kledingstilist (de)	σχεδιαστής (αρ.)	[sxeðiastís]

kraag (de)	γιακάς (αρ.)	[ʝakás]
zak (de)	τσέπη (θηλ.)	[tsépi]
zak- (abn)	της τσέπης	[tis tsépis]
mouw (de)	μανίκι (ουδ.)	[maníki]
lusje (het)	θηλιά (θηλ.)	[θiliá]
gulp (de)	φερμουάρ (ουδ.)	[fermuár]

rits (de)	φερμουάρ (ουδ.)	[fermuár]
sluiting (de)	κούμπωμα (ουδ.)	[kúmboma]
knoop (de)	κουμπί (ουδ.)	[kumbí]
knoopsgat (het)	κουμπότρυπα (θηλ.)	[kumbótripa]
losraken (bijv. knopen)	βγαίνω	[vʝéno]

naaien (kleren, enz.)	**ράβω**	[rávo]
borduren (ww)	**κεντώ**	[kendó]
borduursel (het)	**κέντημα** (ουδ.)	[kéndima]
naald (de)	**βελόνα** (θηλ.)	[velʲóna]
draad (de)	**κλωστή** (θηλ.)	[klʲostí]
naad (de)	**ραφή** (θηλ.)	[rafí]
vies worden (ww)	**λερώνομαι**	[lerónome]
vlek (de)	**λεκές** (αρ.)	[lekés]
gekreukt raken (ov. kleren)	**τσαλακώνομαι**	[tsalʲakónome]
scheuren (ov.ww.)	**σκίζω**	[skízo]
mot (de)	**σκόρος** (αρ.)	[skóros]

39. Persoonlijke verzorging. Schoonheidsmiddelen

tandpasta (de)	**οδοντόκρεμα** (θηλ.)	[oðondókrema]
tandenborstel (de)	**οδοντόβουρτσα** (θηλ.)	[oðondóvutsa]
tanden poetsen (ww)	**πλένω τα δόντια**	[pléno ta ðóndia]
scheermes (het)	**ξυράφι** (ουδ.)	[ksiráfi]
scheerschuim (het)	**κρέμα ξυρίσματος** (θηλ.)	[kréma ksirízmatos]
zich scheren (ww)	**ξυρίζομαι**	[ksirízome]
zeep (de)	**σαπούνι** (ουδ.)	[sapúni]
shampoo (de)	**σαμπουάν** (ουδ.)	[sambuán]
schaar (de)	**ψαλίδι** (ουδ.)	[psalíði]
nagelvijl (de)	**λίμα νυχιών** (θηλ.)	[líma nixión]
nagelknipper (de)	**νυχοκόπτης** (αρ.)	[nixokóptis]
pincet (het)	**τσιμπιδάκι** (ουδ.)	[tsimbiðáki]
cosmetica (mv.)	**καλλυντικά** (ουδ.πλ.)	[kalindiká]
masker (het)	**μάσκα** (θηλ.)	[máska]
manicure (de)	**μανικιούρ** (ουδ.)	[manikiúr]
manicure doen	**κάνω μανικιούρ**	[káno manikiúr]
pedicure (de)	**πεντικιούρ** (ουδ.)	[pedikiúr]
cosmetica tasje (het)	**τσαντάκι καλλυντικών** (ουδ.)	[tsandáki kalindikón]
poeder (de/het)	**πούδρα** (θηλ.)	[púðra]
poederdoos (de)	**πουδριέρα** (θηλ.)	[puðriéra]
rouge (de)	**ρουζ** (ουδ.)	[ruz]
parfum (de/het)	**άρωμα** (ουδ.)	[ároma]
eau de toilet (de)	**κολόνια** (θηλ.)	[kolʲónia]
lotion (de)	**λοσιόν** (θηλ.)	[lʲosión]
eau de cologne (de)	**κολόνια** (θηλ.)	[kolʲónia]
oogschaduw (de)	**σκιά ματιών** (θηλ.)	[skiá matión]
oogpotlood (het)	**μολύβι ματιών** (ουδ.)	[molívi matión]
mascara (de)	**μάσκαρα** (θηλ.)	[máskara]
lippenstift (de)	**κραγιόν** (ουδ.)	[krajión]
nagellak (de)	**βερνίκι νυχιών** (ουδ.)	[verníki nixión]
haarlak (de)	**λακ μαλλιών** (ουδ.)	[lʲak malión]

deodorant (de)	**αποσμητικό** (ουδ.)	[apozmitikó]
crème (de)	**κρέμα** (θηλ.)	[kréma]
gezichtscrème (de)	**κρέμα προσώπου** (θηλ.)	[kréma prosópu]
handcrème (de)	**κρέμα χεριών** (θηλ.)	[kréma xerión]
antirimpelcrème (de)	**αντιρυτιδική κρέμα** (θηλ.)	[andiritiðikí kréma]
dagcrème (de)	**κρέμα ημέρας** (θηλ.)	[kréma iméras]
nachtcrème (de)	**κρέμα νυκτός** (θηλ.)	[kréma niktós]
tampon (de)	**ταμπόν** (ουδ.)	[tabón]
toiletpapier (het)	**χαρτί υγείας** (ουδ.)	[xartí ʝías]
föhn (de)	**πιστολάκι** (ουδ.)	[pistolʲáki]

40. Horloges. Klokken

polshorloge (het)	**ρολόι χειρός** (ουδ.)	[rolʲój xirós]
wijzerplaat (de)	**πλάκα ρολογιού** (θηλ.)	[plʲáka rolʲoʝú]
wijzer (de)	**δείκτης** (αρ.)	[ðíktis]
metalen horlogeband (de)	**μπρασελέ** (ουδ.)	[braselé]
horlogebandje (het)	**λουράκι** (ουδ.)	[lʲuráki]
batterij (de)	**μπαταρία** (θηλ.)	[bataría]
leeg zijn (ww)	**εξαντλούμαι**	[eksantlʲúme]
batterij vervangen	**αλλάζω μπαταρία**	[alʲázo bataría]
voorlopen (ww)	**πηγαίνω μπροστά**	[piʝéno brostá]
achterlopen (ww)	**πηγαίνω πίσω**	[piʝéno píso]
wandklok (de)	**ρολόι τοίχου** (ουδ.)	[rolʲój tíxu]
zandloper (de)	**κλεψύδρα** (θηλ.)	[klepsíðra]
zonnewijzer (de)	**ηλιακό ρολόι** (ουδ.)	[iliakó rolʲój]
wekker (de)	**ξυπνητήρι** (ουδ.)	[ksipnitíri]
horlogemaker (de)	**ωρολογοποιός** (αρ.)	[orolʲoɣopiós]
repareren (ww)	**επισκευάζω**	[episkevázo]

ALLEDAAGSE ERVARING

41. Geld

geld (het)	**χρήματα** (ουδ.πλ.)	[xrímata]
ruil (de)	**ανταλλαγή** (θηλ.)	[andalʲaʝí]
koers (de)	**ισοτιμία** (θηλ.)	[isotimía]
geldautomaat (de)	**ATM** (ουδ.)	[eitiém]
muntstuk (de)	**κέρμα** (ουδ.)	[kérma]
dollar (de)	**δολάριο** (ουδ.)	[ðolʲário]
euro (de)	**ευρώ** (ουδ.)	[evró]
lire (de)	**λίρα** (θηλ.)	[líra]
Duitse mark (de)	**μάρκο** (ουδ.)	[márko]
frank (de)	**φράγκο** (ουδ.)	[frángo]
pond sterling (het)	**στερλίνα** (θηλ.)	[sterlína]
yen (de)	**γιεν** (ουδ.)	[ʝén]
schuld (geldbedrag)	**χρέος** (ουδ.)	[xréos]
schuldenaar (de)	**χρεώστης** (αρ.)	[xreóstis]
uitlenen (ww)	**δανείζω**	[ðanízo]
lenen (geld ~)	**δανείζομαι**	[ðanízome]
bank (de)	**τράπεζα** (θηλ.)	[trápeza]
bankrekening (de)	**λογαριασμός** (αρ.)	[lʲoɣariazmós]
op rekening storten	**καταθέτω στο λογαριασμό**	[kataθéto sto lʲoɣariazmó]
opnemen (ww)	**κάνω ανάληψη**	[káno análipsi]
kredietkaart (de)	**πιστωτική κάρτα** (θηλ.)	[pistotikí kárta]
baar geld (het)	**μετρητά** (ουδ.πλ.)	[metritá]
cheque (de)	**επιταγή** (θηλ.)	[epitaʝí]
een cheque uitschrijven	**κόβω επιταγή**	[kóvo epitaʝí]
chequeboekje (het)	**βιβλιάριο επιταγών** (ουδ.)	[vivliário epitaɣón]
portefeuille (de)	**πορτοφόλι** (ουδ.)	[portofóli]
geldbeugel (de)	**πορτοφόλι** (ουδ.)	[portofóli]
safe (de)	**χρηματοκιβώτιο** (ουδ.)	[xrimatokivótio]
erfgenaam (de)	**κληρονόμος** (αρ.)	[klironómos]
erfenis (de)	**κληρονομιά** (θηλ.)	[klironomiá]
fortuin (het)	**περιουσία** (θηλ.)	[periusía]
huur (de)	**σύμβαση μίσθωσης** (θηλ.)	[símvasi mísθosis]
huurprijs (de)	**ενοίκιο** (ουδ.)	[eníkio]
huren (huis, kamer)	**νοικιάζω**	[nikiázo]
prijs (de)	**τιμή** (θηλ.)	[timí]
kostprijs (de)	**κόστος** (ουδ.)	[kóstos]
som (de)	**ποσό** (ουδ.)	[posó]

uitgeven (geld besteden)	**ξοδεύω**	[ksoðévo]
kosten (mv.)	**έξοδα** (ουδ.πλ.)	[éksoða]
bezuinigen (ww)	**κάνω οικονομία**	[káno ikonomía]
zuinig (bn)	**οικονομικός**	[ikonomikós]
betalen (ww)	**πληρώνω**	[pliróno]
betaling (de)	**αμοιβή** (θηλ.)	[amiví]
wisselgeld (het)	**ρέστα** (ουδ.πλ.)	[résta]
belasting (de)	**φόρος** (αρ.)	[fóros]
boete (de)	**πρόστιμο** (ουδ.)	[próstimo]
beboeten (bekeuren)	**επιβάλλω πρόστιμο**	[epiválʲo próstimo]

42. Post. Postkantoor

postkantoor (het)	**ταχυδρομείο** (ουδ.)	[taxiðromío]
post (de)	**ταχυδρομείο** (ουδ.)	[taxiðromío]
postbode (de)	**ταχυδρόμος** (αρ.)	[taxiðrómos]
openingsuren (mv.)	**ώρες λειτουργίας** (θηλ.πλ.)	[óres liturʝías]
brief (de)	**γράμμα** (ουδ.)	[ɣráma]
aangetekende brief (de)	**συστημένο γράμμα** (ουδ.)	[sistiméno ɣráma]
briefkaart (de)	**κάρτα** (θηλ.)	[kárta]
telegram (het)	**τηλεγράφημα** (ουδ.)	[tileɣráfima]
postpakket (het)	**δέμα** (ουδ.)	[ðéma]
overschrijving (de)	**έμβασμα** (ουδ.)	[émvazma]
ontvangen (ww)	**λαμβάνω**	[lʲamváno]
sturen (zenden)	**στέλνω**	[stélʲno]
verzending (de)	**αποστολή** (θηλ.)	[apostolí]
adres (het)	**διεύθυνση** (θηλ.)	[ðiéfθinsi]
postcode (de)	**ταχυδρομικός κώδικας** (αρ.)	[taxiðromikós kóðikas]
verzender (de)	**αποστολέας** (αρ.)	[apostoléas]
ontvanger (de)	**παραλήπτης** (αρ.)	[paralíptis]
naam (de)	**όνομα** (ουδ.)	[ónoma]
achternaam (de)	**επώνυμο** (ουδ.)	[epónimo]
tarief (het)	**ταχυδρομικό τέλος** (ουδ.)	[taxiðromikó télʲos]
standaard (bn)	**κανονικός**	[kanonikós]
zuinig (bn)	**οικονομικός**	[ikonomikós]
gewicht (het)	**βάρος** (ουδ.)	[város]
afwegen (op de weegschaal)	**ζυγίζω**	[ziʝízo]
envelop (de)	**φάκελος** (αρ.)	[fákelʲos]
postzegel (de)	**γραμματόσημο** (ουδ.)	[ɣramatósimo]
een postzegel plakken op	**βάζω γραμματόσημο**	[vázo ɣramatósimo]

43. Bankieren

bank (de)	**τράπεζα** (θηλ.)	[trápeza]
bankfiliaal (het)	**κατάστημα** (ουδ.)	[katástima]

bankbediende (de)	υπάλληλος (αρ.)	[ipáliⁱos]
manager (de)	διευθυντής (αρ.)	[ðiefθindís]

bankrekening (de)	λογαριασμός (αρ.)	[lⁱοɣariazmós]
rekeningnummer (het)	αριθμός λογαριασμού (αρ.)	[ariθmós lⁱοɣariazmú]
lopende rekening (de)	τρεχούμενος λογαριασμός (αρ.)	[trexúmenos lⁱοɣariazmós]

een rekening openen	ανοίγω λογαριασμό	[aníɣο lⁱοɣariazmó]
de rekening sluiten	κλείνω λογαριασμό	[klíno lⁱοɣariazmó]
op rekening storten	καταθέτω στο λογαριασμό	[kataθéto sto lⁱοɣariazmó]
opnemen (ww)	κάνω ανάληψη	[káno análipsi]

storting (de)	κατάθεση (θηλ.)	[katáθesi]
een storting maken	καταθέτω	[kataθéto]
overschrijving (de)	έμβασμα (ουδ.)	[émvazma]
een overschrijving maken	εμβάζω	[emvázo]

som (de)	ποσό (ουδ.)	[posó]
Hoeveel?	Πόσο κάνει;	póso káni?

handtekening (de)	υπογραφή (θηλ.)	[ipoɣrafí]
ondertekenen (ww)	υπογράφω	[ipoɣráfo]

kredietkaart (de)	πιστωτική κάρτα (θηλ.)	[pistotikí kárta]
code (de)	κωδικός (αρ.)	[koðikós]
kredietkaartnummer (het)	αριθμός πιστωτικής κάρτας (αρ.)	[ariθmós pistotikís kártas]
geldautomaat (de)	ATM (ουδ.)	[eitiém]

cheque (de)	επιταγή (θηλ.)	[epitají]
een cheque uitschrijven	κόβω επιταγή	[kóvo epitají]
chequeboekje (het)	βιβλιάριο επιταγών (ουδ.)	[vivliário epitaɣón]

lening, krediet (de)	δάνειο (ουδ.)	[ðánio]
een lening aanvragen	υποβάλλω αίτηση για δάνειο	[ipováⁱo étisi ja ðánio]
een lening nemen	παίρνω δάνειο	[pérno ðánio]
een lening verlenen	παρέχω δάνειο	[paréxo ðánio]

44. Telefoon. Telefoongesprek

telefoon (de)	τηλέφωνο (ουδ.)	[tiléfono]
mobieltje (het)	κινητό τηλέφωνο (ουδ.)	[kinitó tiléfono]
antwoordapparaat (het)	τηλεφωνητής (αρ.)	[tilefonitís]

bellen (ww)	τηλεφωνώ	[tilefonó]
belletje (telefoontje)	κλήση (θηλ.)	[klísi]

een nummer draaien	καλώ έναν αριθμό	[kalⁱó énan ariθmó]
Hallo!	Εμπρός!	[embrós]
vragen (ww)	ρωτάω	[rotáo]
antwoorden (ww)	απαντώ	[apandó]
horen (ww)	ακούω	[akúo]

goed (bw)	**καλά**	[kalʲá]
slecht (bw)	**χάλια**	[xália]
storingen (mv.)	**παρεμβολές** (θηλ.πλ.)	[paremvolés]
hoorn (de)	**ακουστικό** (ουδ.)	[akustikó]
opnemen (ww)	**σηκώνω το ακουστικό**	[sikóno to akustikó]
ophangen (ww)	**κλείνω το τηλεφώνο**	[klíno to tiléfono]
bezet (bn)	**κατειλημμένος**	[katiliménos]
overgaan (ww)	**χτυπάω**	[xtipáo]
telefoonboek (het)	**τηλεφωνικός κατάλογος** (αρ.)	[tilefonikós katálʲoɣos]
lokaal (bn)	**τοπική**	[topikí]
interlokaal (bn)	**υπεραστική**	[iperastikí]
buitenlands (bn)	**διεθνής**	[ðieθnís]

45. Mobiele telefoon

mobieltje (het)	**κινητό τηλέφωνο** (ουδ.)	[kinitó tiléfono]
scherm (het)	**οθόνη** (θηλ.)	[oθóni]
toets, knop (de)	**κουμπί** (ουδ.)	[kumbí]
simkaart (de)	**κάρτα SIM** (θηλ.)	[kárta sim]
batterij (de)	**μπαταρία** (θηλ.)	[bataría]
leeg zijn (ww)	**εξαντλούμαι**	[eksantlʲúme]
acculader (de)	**φορτιστής** (αρ.)	[fortistís]
menu (het)	**μενού** (ουδ.)	[menú]
instellingen (mv.)	**ρυθμίσεις** (θηλ.πλ.)	[riθmísis]
melodie (beltoon)	**μελωδία** (θηλ.)	[melʲoðía]
selecteren (ww)	**επιλέγω**	[epiléɣo]
rekenmachine (de)	**αριθμομηχανή** (θηλ.)	[ariθmomixaní]
voicemail (de)	**τηλεφωνητής** (αρ.)	[tilefonitís]
wekker (de)	**ξυπνητήρι** (ουδ.)	[ksipnitíri]
contacten (mv.)	**επαφές** (θηλ.πλ.)	[epafés]
SMS-bericht (het)	**μήνυμα SMS** (ουδ.)	[mínima esemés]
abonnee (de)	**συνδρομητής** (αρ.)	[sinðromitís]

46. Schrijfbehoeften

balpen (de)	**στιλό διαρκείας** (ουδ.)	[stilʲó ðiarkías]
vulpen (de)	**πέννα** (θηλ.)	[péna]
potlood (het)	**μολύβι** (ουδ.)	[molívi]
marker (de)	**μαρκαδόρος** (αρ.)	[markaðóros]
viltstift (de)	**μαρκαδόρος** (αρ.)	[markaðóros]
notitieboekje (het)	**μπλοκ** (ουδ.)	[blʲok]
agenda (boekje)	**ατζέντα** (θηλ.)	[adzénda]

liniaal (de/het)	**χάρακας** (αρ.)	[xárakas]
rekenmachine (de)	**αριθμομηχανή** (θηλ.)	[ariθmomixaní]
gom (de)	**γόμα** (θηλ.)	[ɣóma]
punaise (de)	**πινέζα** (θηλ.)	[pinéza]
paperclip (de)	**συνδετήρας** (αρ.)	[sinðetíras]
lijm (de)	**κόλλα** (θηλ.)	[kólʲa]
nietmachine (de)	**συρραπτικό** (ουδ.)	[siraptikó]
perforator (de)	**περφορατέρ** (ουδ.)	[perforatér]
potloodslijper (de)	**ξύστρα** (θηλ.)	[ksístra]

47. Vreemde talen

taal (de)	**γλώσσα** (θηλ.)	[ɣlʲósa]
vreemde taal (de)	**ξένη γλώσσα** (θηλ.)	[kséni ɣlósa]
leren (bijv. van buiten ~)	**μελετάω**	[meletáo]
studeren (Nederlands ~)	**μαθαίνω**	[maθéno]
lezen (ww)	**διαβάζω**	[ðiavázo]
spreken (ww)	**μιλάω**	[milʲáo]
begrijpen (ww)	**καταλαβαίνω**	[katalʲavéno]
schrijven (ww)	**γράφω**	[ɣráfo]
snel (bw)	**γρήγορα**	[ɣríɣora]
langzaam (bw)	**αργά**	[arɣá]
vloeiend (bw)	**ευφράδεια**	[effráðia]
regels (mv.)	**κανόνες** (αρ.πλ.)	[kanónes]
grammatica (de)	**γραμματική** (θηλ.)	[ɣramatikí]
vocabulaire (het)	**λεξιλόγιο** (ουδ.)	[leksilʲójo]
fonetiek (de)	**φωνητική** (θηλ.)	[fonitikí]
leerboek (het)	**σχολικό βιβλίο** (ουδ.)	[sxolikó vivlío]
woordenboek (het)	**λεξικό** (ουδ.)	[leksikó]
leerboek (het) voor zelfstudie	**εγχειρίδιο αυτοδιδασκαλίας** (ουδ.)	[enxiríðio aftoðiðaskalías]
taalgids (de)	**βιβλίο φράσεων** (ουδ.)	[vivlío fráseon]
cassette (de)	**κασέτα** (θηλ.)	[kaséta]
videocassette (de)	**βιντεοκασέτα** (θηλ.)	[videokaséta]
CD (de)	**συμπαγής δίσκος** (αρ.)	[simpajís ðískos]
DVD (de)	**DVD** (ουδ.)	[dividí]
alfabet (het)	**αλφάβητος** (θηλ.)	[alʲfávitos]
uitspraak (de)	**προφορά** (θηλ.)	[proforá]
accent (het)	**προφορά** (θηλ.)	[proforá]
met een accent (bw)	**με προφορά**	[me proforá]
zonder accent (bw)	**χωρίς προφορά**	[xorís proforá]
woord (het)	**λέξη** (θηλ.)	[léksi]
betekenis (de)	**σημασία** (θηλ.)	[simasía]
cursus (de)	**μαθήματα** (ουδ.πλ.)	[maθímata]
zich inschrijven (ww)	**γράφομαι**	[ɣráfome]

leraar (de)	**καθηγητής** (αρ.)	[kaθiʝitís]
vertaling (een ~ maken)	**μετάφραση** (θηλ.)	[metáfrasi]
vertaling (tekst)	**μετάφραση** (θηλ.)	[metáfrasi]
vertaler (de)	**μεταφραστής** (αρ.)	[metafrastís]
tolk (de)	**διερμηνέας** (αρ.)	[ðierminéas]
polyglot (de)	**πολύγλωσσος** (αρ.)	[políɣlʲosos]
geheugen (het)	**μνήμη** (θηλ.)	[mními]

MAALTIJDEN. RESTAURANT

48. Tafelschikking

lepel (de)	**κουτάλι** (ουδ.)	[kutáli]
mes (het)	**μαχαίρι** (ουδ.)	[maxéri]
vork (de)	**πιρούνι** (ουδ.)	[pirúni]
kopje (het)	**φλιτζάνι** (ουδ.)	[flidzáni]
bord (het)	**πιάτο** (ουδ.)	[piáto]
schoteltje (het)	**πιατάκι** (ουδ.)	[piatáki]
servet (het)	**χαρτοπετσέτα** (θηλ.)	[xartopetséta]
tandenstoker (de)	**οδοντογλυφίδα** (θηλ.)	[oðondoɣlifíða]

49. Restaurant

restaurant (het)	**εστιατόριο** (ουδ.)	[estiatório]
koffiehuis (het)	**καφετέρια** (θηλ.)	[kafetéria]
bar (de)	**μπαρ** (ουδ.), **μπυραρία** (θηλ.)	[bar], [biraría]
tearoom (de)	**τσαγερί** (θηλ.)	[tsajerí]
kelner, ober (de)	**σερβιτόρος** (αρ.)	[servitóros]
serveerster (de)	**σερβιτόρα** (θηλ.)	[servitóra]
barman (de)	**μπάρμαν** (αρ.)	[bárman]
menu (het)	**κατάλογος** (αρ.)	[katálʲoɣos]
wijnkaart (de)	**κατάλογος κρασιών** (αρ.)	[katálʲoɣos krasión]
een tafel reserveren	**κλείνω τραπέζι**	[klíno trapézi]
gerecht (het)	**πιάτο** (ουδ.)	[piáto]
bestellen (eten ~)	**παραγγέλνω**	[parangélʲno]
een bestelling maken	**κάνω παραγγελία**	[káno parangelía]
aperitief (de/het)	**απεριτίφ** (ουδ.)	[aperitíf]
voorgerecht (het)	**ορεκτικό** (ουδ.)	[orektikó]
dessert (het)	**επιδόρπιο** (ουδ.)	[epiðórpio]
rekening (de)	**λογαριασμός** (αρ.)	[lʲoɣariazmós]
de rekening betalen	**πληρώνω λογαριασμό**	[pliróno lʲoɣariazmó]
wisselgeld teruggeven	**δίνω τα ρέστα**	[ðíno ta résta]
fooi (de)	**πουρμπουάρ** (ουδ.)	[purbuár]

50. Maaltijden

eten (het)	**τροφή** (θηλ.), **φαγητό** (ουδ.)	[trofí], [fajitó]
eten (ww)	**τρώω**	[tróo]

ontbijt (het)	**πρωινό** (ουδ.)	[proinó]
ontbijten (ww)	**παίρνω πρωινό**	[pérno proinó]
lunch (de)	**μεσημεριανό** (ουδ.)	[mesimerianó]
lunchen (ww)	**τρώω μεσημεριανό**	[tróo mesimerianó]
avondeten (het)	**δείπνο** (ουδ.)	[ðípno]
souperen (ww)	**τρώω βραδινό**	[tróo vraðinó]
eetlust (de)	**όρεξη** (θηλ.)	[óreksi]
Eet smakelijk!	**Καλή όρεξη!**	[kalí óreksi]
openen (een fles ~)	**ανοίγω**	[aníɣo]
morsen (koffie, enz.)	**χύνω**	[xíno]
zijn gemorst	**χύνομαι**	[xínome]
koken (water kookt bij 100°C)	**βράζω**	[vrázo]
koken (Hoe om water te ~)	**βράζω**	[vrázo]
gekookt (~ water)	**βρασμένος**	[vrazménos]
afkoelen (koeler maken)	**κρυώνω**	[krióno]
afkoelen (koeler worden)	**κρυώνω**	[krióno]
smaak (de)	**γεύση** (θηλ.)	[ʝéfsi]
nasmaak (de)	**επίγευση** (θηλ.)	[epíʝefsi]
volgen een dieet	**αδυνατίζω**	[aðinatízo]
dieet (het)	**δίαιτα** (θηλ.)	[ðíeta]
vitamine (de)	**βιταμίνη** (θηλ.)	[vitamíni]
calorie (de)	**θερμίδα** (θηλ.)	[θermíða]
vegetariër (de)	**χορτοφάγος** (αρ.)	[xortofáɣos]
vegetarisch (bn)	**χορτοφάγος**	[xortofáɣos]
vetten (mv.)	**λίπη** (ουδ.πλ.)	[lípi]
eiwitten (mv.)	**πρωτεΐνες** (θηλ.πλ.)	[proteínes]
koolhydraten (mv.)	**υδατάνθρακες** (αρ.πλ.)	[iðatánθrakes]
snede (de)	**φέτα** (θηλ.)	[féta]
stuk (bijv. een ~ taart)	**κομμάτι** (ουδ.)	[komáti]
kruimel (de)	**ψίχουλο** (ουδ.)	[psíxulʲo]

51. Bereide gerechten

gerecht (het)	**πιάτο** (ουδ.)	[piáto]
keuken (bijv. Franse ~)	**κουζίνα** (θηλ.)	[kuzína]
recept (het)	**συνταγή** (θηλ.)	[sindaʝí]
portie (de)	**μερίδα** (θηλ.)	[meríða]
salade (de)	**σαλάτα** (θηλ.)	[salʲáta]
soep (de)	**σούπα** (θηλ.)	[súpa]
bouillon (de)	**ζωμός** (αρ.)	[zomós]
boterham (de)	**σάντουιτς** (ουδ.)	[sánduits]
spiegelei (het)	**τηγανητά αυγά** (ουδ.πλ.)	[tiɣanitá avɣá]
hamburger (de)	**χάμπουργκερ** (ουδ.)	[xámburger]
biefstuk (de)	**μπριζόλα** (θηλ.)	[brizólʲa]
garnering (de)	**συνοδευτικό πιάτο** (ουδ.)	[sinoðeftikó piáto]

spaghetti (de)	σπαγγέτι (ουδ.)	[spagéti]
aardappelpuree (de)	πουρές (αρ.)	[purés]
pizza (de)	πίτσα (θηλ.)	[pítsa]
omelet (de)	ομελέτα (θηλ.)	[omeléta]

gekookt (in water)	βραστός	[vrastós]
gerookt (bn)	καπνιστός	[kapnistós]
gebakken (bn)	τηγανητός	[tiɣanitós]
gedroogd (bn)	αποξηραμένος	[apoksiraménos]
diepvries (bn)	κατεψυγμένος	[katepsiɣménos]
gemarineerd (bn)	τουρσί	[tursí]

zoet (bn)	γλυκός	[ɣlikós]
gezouten (bn)	αλμυρός	[alʲmirós]
koud (bn)	κρύος	[kríos]
heet (bn)	ζεστός	[zestós]
bitter (bn)	πικρός	[pikrós]
lekker (bn)	νόστιμος	[nóstimos]

koken (in kokend water)	βράζω	[vrázo]
bereiden (avondmaaltijd ~)	μαγειρεύω	[majirévo]
bakken (ww)	τηγανίζω	[tiɣanízo]
opwarmen (ww)	ζεσταίνω	[zesténo]

zouten (ww)	αλατίζω	[alʲatízo]
peperen (ww)	πιπερώνω	[piperóno]
raspen (ww)	τρίβω	[trívo]
schil (de)	φλούδα (θηλ.)	[flʲúða]
schillen (ww)	καθαρίζω	[kaθarízo]

52. Voedsel

vlees (het)	κρέας (ουδ.)	[kréas]
kip (de)	κότα (θηλ.)	[kóta]
kuiken (het)	κοτόπουλο (ουδ.)	[kotópulʲo]
eend (de)	πάπια (θηλ.)	[pápia]
gans (de)	χήνα (θηλ.)	[xína]
wild (het)	θήραμα (ουδ.)	[θírama]
kalkoen (de)	γαλοπούλα (θηλ.)	[ɣalʲopúlʲa]

varkensvlees (het)	χοιρινό κρέας (ουδ.)	[xirinó kréas]
kalfsvlees (het)	μοσχαρίσιο κρέας (ουδ.)	[mosxarísio kréas]
schapenvlees (het)	αρνήσιο κρέας (ουδ.)	[arnísio kréas]
rundvlees (het)	βοδινό κρέας (ουδ.)	[voðinó kréas]
konijnenvlees (het)	κουνέλι (ουδ.)	[kunéli]

worst (de)	λουκάνικο (ουδ.)	[lʲukániko]
saucijs (de)	λουκάνικο (ουδ.)	[lʲukániko]
spek (het)	μπέικον (ουδ.)	[béjkon]
ham (de)	ζαμπόν (ουδ.)	[zabón]
gerookte achterham (de)	καπνιστό χοιρομέρι (ουδ.)	[kapnistó xiroméri]

| paté (de) | πατέ (ουδ.) | [paté] |
| lever (de) | συκώτι (ουδ.) | [sikóti] |

gehakt (het)	**κιμάς** (αρ.)	[kimás]
tong (de)	**γλώσσα** (θηλ.)	[ɣlʲósa]
ei (het)	**αυγό** (ουδ.)	[avɣó]
eieren (mv.)	**αυγά** (ουδ.πλ.)	[avɣá]
eiwit (het)	**ασπράδι** (ουδ.)	[aspráði]
eigeel (het)	**κρόκος** (αρ.)	[krókos]
vis (de)	**ψάρι** (ουδ.)	[psári]
zeevruchten (mv.)	**θαλασσινά** (θηλ.πλ.)	[θalʲasiná]
kaviaar (de)	**χαβιάρι** (ουδ.)	[xaviári]
krab (de)	**καβούρι** (ουδ.)	[kavúri]
garnaal (de)	**γαρίδα** (θηλ.)	[ɣaríða]
oester (de)	**στρείδι** (ουδ.)	[stríði]
langoest (de)	**ακανθωτός αστακός** (αρ.)	[akanθotós astakós]
octopus (de)	**χταπόδι** (ουδ.)	[xtapóði]
inktvis (de)	**καλαμάρι** (ουδ.)	[kalʲamári]
steur (de)	**οξύρυγχος** (αρ.)	[oksírinxos]
zalm (de)	**σολομός** (αρ.)	[solʲomós]
heilbot (de)	**ιππόγλωσσος** (αρ.)	[ipóɣlʲosos]
kabeljauw (de)	**μπακαλιάρος** (αρ.)	[bakaliáros]
makreel (de)	**σκουμπρί** (ουδ.)	[skumbrí]
tonijn (de)	**τόνος** (αρ.)	[tónos]
paling (de)	**χέλι** (ουδ.)	[xéli]
forel (de)	**πέστροφα** (θηλ.)	[péstrofa]
sardine (de)	**σαρδέλα** (θηλ.)	[sarðélʲa]
snoek (de)	**λούτσος** (αρ.)	[lʲútsos]
haring (de)	**ρέγγα** (θηλ.)	[rénga]
brood (het)	**ψωμί** (ουδ.)	[psomí]
kaas (de)	**τυρί** (ουδ.)	[tirí]
suiker (de)	**ζάχαρη** (θηλ.)	[záxari]
zout (het)	**αλάτι** (ουδ.)	[alʲáti]
rijst (de)	**ρύζι** (ουδ.)	[rízi]
pasta (de)	**ζυμαρικά** (ουδ.πλ.)	[zimariká]
noedels (mv.)	**νουντλς** (ουδ.πλ.)	[nudls]
boter (de)	**βούτυρο** (ουδ.)	[vútiro]
plantaardige olie (de)	**φυτικό λάδι** (ουδ.)	[fitikó lʲáði]
zonnebloemolie (de)	**ηλιέλαιο** (ουδ.)	[iliéleo]
margarine (de)	**μαργαρίνη** (θηλ.)	[marɣaríni]
olijven (mv.)	**ελιές** (θηλ.πλ.)	[eliés]
olijfolie (de)	**ελαιόλαδο** (ουδ.)	[eleólʲaðo]
melk (de)	**γάλα** (ουδ.)	[ɣálʲa]
gecondenseerde melk (de)	**συμπυκνωμένο γάλα** (ουδ.)	[simbiknoméno ɣálʲa]
yoghurt (de)	**γιαούρτι** (ουδ.)	[ʝaúrti]
zure room (de)	**ξινή κρέμα** (θηλ.)	[ksiní kréma]
room (de)	**κρέμα γάλακτος** (θηλ.)	[kréma ɣálʲaktos]
mayonaise (de)	**μαγιονέζα** (θηλ.)	[maʝonéza]

crème (de)	κρέμα (θηλ.)	[kréma]
graan (het)	πλιγούρι (ουδ.)	[pliɣúri]
meel (het), bloem (de)	αλεύρι (ουδ.)	[alévri]
conserven (mv.)	κονσέρβες (θηλ.πλ.)	[konsérves]

maïsvlokken (mv.)	κορν φλέικς (ουδ.πλ.)	[kornfléjks]
honing (de)	μέλι (ουδ.)	[méli]
jam (de)	μαρμελάδα (θηλ.)	[marmelʲáða]
kauwgom (de)	τσίχλα (θηλ.)	[tsíxlʲa]

53. Drankjes

water (het)	νερό (ουδ.)	[neró]
drinkwater (het)	πόσιμο νερό (ουδ.)	[pósimo neró]
mineraalwater (het)	μεταλλικό νερό (ουδ.)	[metalikó neró]

zonder gas	χωρίς ανθρακικό	[xorís anθrakikó]
koolzuurhoudend (bn)	ανθρακούχος	[anθrakúxos]
bruisend (bn)	ανθρακούχο	[anθrakúxo]
ijs (het)	πάγος (αρ.)	[páɣos]
met ijs	με πάγο	[me páɣo]

alcohol vrij (bn)	χωρίς αλκοόλ	[xorís alʲkoólʲ]
alcohol vrije drank (de)	αναψυκτικό (ουδ.)	[anapsiktikó]
frisdrank (de)	αναψυκτικό (ουδ.)	[anapsiktikó]
limonade (de)	λεμονάδα (θηλ.)	[lemonáða]

alcoholische dranken (mv.)	αλκοολούχα ποτά (ουδ.πλ.)	[alʲkoolʲúxa potá]
wijn (de)	κρασί (ουδ.)	[krasí]
witte wijn (de)	λευκό κρασί (ουδ.)	[lefkó krasí]
rode wijn (de)	κόκκινο κρασί (ουδ.)	[kókino krasí]

likeur (de)	λικέρ (ουδ.)	[likér]
champagne (de)	σαμπάνια (θηλ.)	[sambánia]
vermout (de)	βερμούτ (ουδ.)	[vermút]

whisky (de)	ουίσκι (ουδ.)	[wíski]
wodka (de)	βότκα (θηλ.)	[vótka]
gin (de)	τζιν (ουδ.)	[dzin]
cognac (de)	κονιάκ (ουδ.)	[konják]
rum (de)	ρούμι (ουδ.)	[rúmi]

koffie (de)	καφές (αρ.)	[kafés]
zwarte koffie (de)	σκέτος καφές (αρ.)	[skétos kafés]
koffie (de) met melk	καφές με γάλα (αρ.)	[kafés me ɣálʲa]
cappuccino (de)	καπουτσίνο (αρ.)	[kaputsíno]
oploskoffie (de)	στιγμιαίος καφές (αρ.)	[stiɣmiéos kafes]

melk (de)	γάλα (ουδ.)	[ɣálʲa]
cocktail (de)	κοκτέιλ (ουδ.)	[koktéjlʲ]
milkshake (de)	μιλκσέικ (ουδ.)	[milʲkséjk]

| sap (het) | χυμός (αρ.) | [ximós] |
| tomatensap (het) | χυμός ντομάτας (αρ.) | [ximós domátas] |

sinaasappelsap (het)	χυμός πορτοκαλιού (αρ.)	[ximós portokaliú]
vers geperst sap (het)	φρέσκος χυμός (αρ.)	[fréskos ximós]
bier (het)	μπύρα (θηλ.)	[bíra]
licht bier (het)	ανοιχτόχρωμη μπύρα (θηλ.)	[anixtóxromi bíra]
donker bier (het)	σκούρα μπύρα (θηλ.)	[skúra bíra]
thee (de)	τσάι (ουδ.)	[tsáj]
zwarte thee (de)	μαύρο τσάι (ουδ.)	[mávro tsaj]
groene thee (de)	πράσινο τσάι (ουδ.)	[prásino tsaj]

54. Groenten

groenten (mv.)	λαχανικά (ουδ.πλ.)	[lʲaxaniká]
verse kruiden (mv.)	χόρτα (ουδ.)	[xórta]
tomaat (de)	ντομάτα (θηλ.)	[domáta]
augurk (de)	αγγούρι (ουδ.)	[angúri]
wortel (de)	καρότο (ουδ.)	[karóto]
aardappel (de)	πατάτα (θηλ.)	[patáta]
ui (de)	κρεμμύδι (ουδ.)	[kremíði]
knoflook (de)	σκόρδο (ουδ.)	[skórðo]
kool (de)	λάχανο (ουδ.)	[lʲáxano]
bloemkool (de)	κουνουπίδι (ουδ.)	[kunupíði]
spruitkool (de)	λαχανάκι Βρυξελλών (ουδ.)	[lʲaxanáki vrikselʲón]
broccoli (de)	μπρόκολο (ουδ.)	[brókolʲo]
rode biet (de)	παντζάρι (ουδ.)	[pandzári]
aubergine (de)	μελιτζάνα (θηλ.)	[melidzána]
courgette (de)	κολοκύθι (ουδ.)	[kolʲokíθi]
pompoen (de)	κολοκύθα (θηλ.)	[kolʲokíθa]
raap (de)	γογγύλι (ουδ.), ρέβα (θηλ.)	[ɣongíli], [réva]
peterselie (de)	μαϊντανός (αρ.)	[majdanós]
dille (de)	άνηθος (αρ.)	[ániθos]
sla (de)	μαρούλι (ουδ.)	[marúli]
selderij (de)	σέλινο (ουδ.)	[sélino]
asperge (de)	σπαράγγι (ουδ.)	[sparángi]
spinazie (de)	σπανάκι (ουδ.)	[spanáki]
erwt (de)	αρακάς (αρ.)	[arakás]
bonen (mv.)	κουκί (ουδ.)	[kukí]
maïs (de)	καλαμπόκι (ουδ.)	[kalʲambóki]
nierboon (de)	κόκκινο φασόλι (ουδ.)	[kókino fasóli]
peper (de)	πιπεριά (θηλ.)	[piperiá]
radijs (de)	ρεπανάκι (ουδ.)	[repanáki]
artisjok (de)	αγκινάρα (θηλ.)	[anginára]

55. Vruchten. Noten

vrucht (de)	φρούτο (ουδ.)	[frúto]
appel (de)	μήλο (ουδ.)	[mílʲo]

peer (de)	**αχλάδι** (ουδ.)	[axlʲáði]
citroen (de)	**λεμόνι** (ουδ.)	[lemóni]
sinaasappel (de)	**πορτοκάλι** (ουδ.)	[portokáli]
aardbei (de)	**φράουλα** (θηλ.)	[fráulʲa]
mandarijn (de)	**μανταρίνι** (ουδ.)	[mandaríni]
pruim (de)	**δαμάσκηνο** (ουδ.)	[ðamáskino]
perzik (de)	**ροδάκινο** (ουδ.)	[roðákino]
abrikoos (de)	**βερίκοκο** (ουδ.)	[veríkoko]
framboos (de)	**σμέουρο** (ουδ.)	[zméuro]
ananas (de)	**ανανάς** (αρ.)	[ananás]
banaan (de)	**μπανάνα** (θηλ.)	[banána]
watermeloen (de)	**καρπούζι** (ουδ.)	[karpúzi]
druif (de)	**σταφύλι** (ουδ.)	[stafíli]
zure kers (de)	**βύσσινο** (ουδ.)	[vísino]
zoete kers (de)	**κεράσι** (ουδ.)	[kerási]
meloen (de)	**πεπόνι** (ουδ.)	[pepóni]
grapefruit (de)	**γκρέιπφρουτ** (ουδ.)	[gréjpfrut]
avocado (de)	**αβοκάντο** (ουδ.)	[avokádo]
papaja (de)	**παπάγια** (θηλ.)	[papája]
mango (de)	**μάγκο** (ουδ.)	[mángo]
granaatappel (de)	**ρόδι** (ουδ.)	[róði]
rode bes (de)	**κόκκινο φραγκοστάφυλο** (ουδ.)	[kókino frangostáfilʲo]
zwarte bes (de)	**μαύρο φραγκοστάφυλο** (ουδ.)	[mávro frangostáfilʲo]
kruisbes (de)	**λαγοκέρασο** (ουδ.)	[lʲaɣokéraso]
blauwe bosbes (de)	**μύρτιλλο** (ουδ.)	[mírtilʲo]
braambes (de)	**βατόμουρο** (ουδ.)	[vatómuro]
rozijn (de)	**σταφίδα** (θηλ.)	[stafíða]
vijg (de)	**σύκο** (ουδ.)	[síko]
dadel (de)	**χουρμάς** (αρ.)	[xurmás]
pinda (de)	**φυστίκι** (ουδ.)	[fistíki]
amandel (de)	**αμύγδαλο** (ουδ.)	[amíɣðalʲo]
walnoot (de)	**καρύδι** (ουδ.)	[karíði]
hazelnoot (de)	**φουντούκι** (ουδ.)	[fundúki]
kokosnoot (de)	**καρύδα** (θηλ.)	[karíða]
pistaches (mv.)	**φυστίκια** (ουδ.πλ.)	[fistíkia]

56. Brood. Snoep

suikerbakkerij (de)	**ζαχαροπλαστική** (θηλ.)	[zaxaroplʲastikí]
brood (het)	**ψωμί** (ουδ.)	[psomí]
koekje (het)	**μπισκότο** (ουδ.)	[biskóto]
chocolade (de)	**σοκολάτα** (θηλ.)	[sokolʲáta]
chocolade- (abn)	**σοκολατένιος**	[sokolʲaténios]
snoepje (het)	**καραμέλα** (θηλ.)	[karamélʲa]
cakeje (het)	**κέικ** (ουδ.)	[kéjk]

taart (bijv. verjaardags~)	**τούρτα** (θηλ.)	[túrta]
pastei (de)	**πίτα** (θηλ.)	[píta]
vulling (de)	**γέμιση** (θηλ.)	[ʝémisi]
confituur (de)	**μαρμελάδα** (θηλ.)	[marmelʲáða]
marmelade (de)	**μαρμελάδα** (θηλ.)	[marmelʲáða]
wafel (de)	**γκοφρέτες** (θηλ.πλ.)	[gofrétes]
ijsje (het)	**παγωτό** (ουδ.)	[paɣotó]

57. Kruiden

zout (het)	**αλάτι** (ουδ.)	[alʲáti]
gezouten (bn)	**αλμυρός**	[alʲmirós]
zouten (ww)	**αλατίζω**	[alʲatízo]
zwarte peper (de)	**μαύρο πιπέρι** (ουδ.)	[mávro pipéri]
rode peper (de)	**κόκκινο πιπέρι** (ουδ.)	[kókino pipéri]
mosterd (de)	**μουστάρδα** (θηλ.)	[mustárða]
mierikswortel (de)	**χρένο** (ουδ.)	[xréno]
condiment (het)	**μπαχαρικό** (ουδ.)	[baxarikó]
specerij, kruiderij (de)	**καρύκευμα** (ουδ.)	[karíkevma]
saus (de)	**σάλτσα** (θηλ.)	[sálʲtsa]
azijn (de)	**ξίδι** (ουδ.)	[ksíði]
anijs (de)	**γλυκάνισος** (αρ.)	[ɣlikánisos]
basilicum (de)	**βασιλικός** (αρ.)	[vasilikós]
kruidnagel (de)	**γαρίφαλο** (ουδ.)	[ɣarífalʲo]
gember (de)	**πιπερόριζα** (θηλ.)	[piperóriza]
koriander (de)	**κόλιανδρος** (αρ.)	[kólianðros]
kaneel (de/het)	**κανέλα** (θηλ.)	[kanélʲa]
sesamzaad (het)	**σουσάμι** (ουδ.)	[susámi]
laurierblad (het)	**φύλλο δάφνης** (ουδ.)	[fílʲo ðáfnis]
paprika (de)	**πάπρικα** (θηλ.)	[páprika]
komijn (de)	**κύμινο** (ουδ.)	[kímino]
saffraan (de)	**σαφράν** (ουδ.)	[safrán]

PERSOONLIJKE INFORMATIE. FAMILIE

58. Persoonlijke informatie. Formulieren

naam (de)	**όνομα** (ουδ.)	[ónoma]
achternaam (de)	**επώνυμο** (ουδ.)	[epónimo]
geboortedatum (de)	**ημερομηνία γέννησης** (θηλ.)	[imerominía ʝénisis]
geboorteplaats (de)	**τόπος γέννησης** (αρ.)	[tópos ʝénisis]
nationaliteit (de)	**εθνικότητα** (θηλ.)	[eθnikótita]
woonplaats (de)	**τόπος διαμονής** (αρ.)	[tópos ðiamonís]
land (het)	**χώρα** (θηλ.)	[xóra]
beroep (het)	**επάγγελμα** (ουδ.)	[epángelʲma]
geslacht (ov. het vrouwelijk ~)	**φύλο** (ουδ.)	[fílʲo]
lengte (de)	**ύψος, μπόι** (ουδ.)	[ípsos], [bói]
gewicht (het)	**βάρος** (ουδ.)	[város]

59. Familieleden. Verwanten

moeder (de)	**μητέρα** (θηλ.)	[mitéra]
vader (de)	**πατέρας** (αρ.)	[patéras]
zoon (de)	**γιός** (αρ.)	[ʝos]
dochter (de)	**κόρη** (θηλ.)	[kóri]
jongste dochter (de)	**μικρότερη κόρη** (ουδ.)	[mikróteri kóri]
jongste zoon (de)	**μικρότερος γιός** (αρ.)	[mikróteros ʝos]
oudste dochter (de)	**μεγαλύτερη κόρη** (θηλ.)	[meɣalíteri kóri]
oudste zoon (de)	**μεγαλύτερος γιός** (αρ.)	[meɣalíteros ʝiós]
broer (de)	**αδερφός** (αρ.)	[aðerfós]
zuster (de)	**αδερφή** (θηλ.)	[aðerfí]
neef (zoon van oom, tante)	**ξάδερφος** (αρ.)	[ksáðerfos]
nicht (dochter van oom, tante)	**ξαδέρφη** (θηλ.)	[ksaðérfi]
mama (de)	**μαμά** (θηλ.)	[mamá]
papa (de)	**μπαμπάς** (αρ.)	[babás]
ouders (mv.)	**γονείς** (αρ.πλ.)	[ɣonís]
kind (het)	**παιδί** (ουδ.)	[peðí]
kinderen (mv.)	**παιδιά** (ουδ.πλ.)	[peðiá]
oma (de)	**γιαγιά** (θηλ.)	[ʝaʝá]
opa (de)	**παππούς** (αρ.)	[papús]
kleinzoon (de)	**εγγονός** (αρ.)	[engonós]
kleindochter (de)	**εγγονή** (θηλ.)	[engoní]
kleinkinderen (mv.)	**εγγόνια** (ουδ.πλ.)	[engónia]

oom (de)	**θείος** (αρ.)	[θíos]
tante (de)	**θεία** (θηλ.)	[θía]
neef (zoon van broer, zus)	**ανιψιός** (αρ.)	[anipsiós]
nicht (dochter van broer, zus)	**ανιψιά** (θηλ.)	[anipsiá]
schoonmoeder (de)	**πεθερά** (θηλ.)	[peθerá]
schoonvader (de)	**πεθερός** (αρ.)	[peθerós]
schoonzoon (de)	**γαμπρός** (αρ.)	[ɣambrós]
stiefmoeder (de)	**μητριά** (θηλ.)	[mitriá]
stiefvader (de)	**πατριός** (αρ.)	[patriós]
zuigeling (de)	**βρέφος** (ουδ.)	[vréfos]
wiegenkind (het)	**βρέφος** (ουδ.)	[vréfos]
kleuter (de)	**νήπιο** (ουδ.)	[nípio]
vrouw (de)	**γυναίκα** (θηλ.)	[ʝinéka]
man (de)	**άνδρας** (αρ.)	[ánðras]
echtgenoot (de)	**σύζυγος** (αρ.)	[síziɣos]
echtgenote (de)	**σύζυγος** (θηλ.)	[síziɣos]
gehuwd (mann.)	**παντρεμένος**	[pandreménos]
gehuwd (vrouw.)	**παντρεμένη**	[pandreméni]
ongehuwd (mann.)	**ανύπαντρος**	[anípandros]
vrijgezel (de)	**εργένης** (αρ.)	[erʝénis]
gescheiden (bn)	**χωρισμένος**	[xorizménos]
weduwe (de)	**χήρα** (θηλ.)	[xíra]
weduwnaar (de)	**χήρος** (αρ.)	[xíros]
familielid (het)	**συγγενής** (αρ.)	[singenís]
dichte familielid (het)	**κοντινός συγγενής** (αρ.)	[kondinós singenís]
verre familielid (het)	**μακρινός συγγενής** (αρ.)	[makrinós singenís]
familieleden (mv.)	**συγγενείς** (αρ.πλ.)	[singenís]
wees (de), weeskind (het)	**ορφανό** (ουδ.)	[orfanó]
voogd (de)	**κηδεμόνας** (αρ.)	[kiðemónas]
adopteren (een jongen te ~)	**υιοθετώ**	[ioθetó]
adopteren (een meisje te ~)	**υιοθετώ**	[ioθetó]

60. Vrienden. Collega's

vriend (de)	**φίλος** (αρ.)	[fílʲos]
vriendin (de)	**φίλη** (θηλ.)	[fíli]
vriendschap (de)	**φιλία** (θηλ.)	[filía]
bevriend zijn (ww)	**κάνω φιλία**	[káno filía]
makker (de)	**φίλος** (αρ.)	[fílʲos]
vriendin (de)	**φιλενάδα** (θηλ.)	[filenáða]
partner (de)	**συνέταιρος** (αρ.)	[sinéteros]
chef (de)	**αφεντικό** (ουδ.)	[afendikó]
baas (de)	**προϊστάμενος** (αρ.)	[projstámenos]
ondergeschikte (de)	**υφιστάμενος** (αρ.)	[ifistámenos]
collega (de)	**συνεργάτης** (αρ.)	[sinerɣátis]
kennis (de)	**γνωστός** (αρ.)	[ɣnostós]

medereiziger (de)	**συνταξιδιώτης** (αρ.)	[sindaksiðiótis]
klasgenoot (de)	**συμμαθητής** (αρ.)	[simaθitís]
buurman (de)	**γείτονας** (αρ.)	[ʝítonas]
buurvrouw (de)	**γειτόνισσα** (θηλ.)	[ʝitónisa]
buren (mv.)	**γείτονες** (αρ.πλ.)	[ʝítones]

MENSELIJK LICHAAM. GENEESKUNDE

61. Hoofd

hoofd (het)	**κεφάλι** (ουδ.)	[kefáli]
gezicht (het)	**πρόσωπο** (ουδ.)	[prósopo]
neus (de)	**μύτη** (θηλ.)	[míti]
mond (de)	**στόμα** (ουδ.)	[stóma]
oog (het)	**μάτι** (ουδ.)	[máti]
ogen (mv.)	**μάτια** (ουδ.πλ.)	[mátia]
pupil (de)	**κόρη** (θηλ.)	[kóri]
wenkbrauw (de)	**φρύδι** (ουδ.)	[fríði]
wimper (de)	**βλεφαρίδα** (θηλ.)	[vlefaríða]
ooglid (het)	**βλέφαρο** (ουδ.)	[vléfaro]
tong (de)	**γλώσσα** (θηλ.)	[ɣlʲósa]
tand (de)	**δόντι** (ουδ.)	[ðóndi]
lippen (mv.)	**χείλη** (ουδ.πλ.)	[xíli]
jukbeenderen (mv.)	**ζυγωματικά** (ουδ.πλ.)	[ziɣomatiká]
tandvlees (het)	**ούλο** (ουδ.)	[úlʲo]
gehemelte (het)	**ουρανίσκος** (αρ.)	[uranískos]
neusgaten (mv.)	**ρουθούνια** (ουδ.πλ.)	[ruθúnia]
kin (de)	**πηγούνι** (ουδ.)	[piɣúni]
kaak (de)	**σαγόνι** (ουδ.)	[saɣóni]
wang (de)	**μάγουλο** (ουδ.)	[máɣulʲo]
voorhoofd (het)	**μέτωπο** (ουδ.)	[métopo]
slaap (de)	**κρόταφος** (αρ.)	[krótafos]
oor (het)	**αυτί** (ουδ.)	[aftí]
achterhoofd (het)	**πίσω μέρος του κεφαλιού** (ουδ.)	[píso méros tu kefaliú]
hals (de)	**αυχένας , σβέρκος** (αρ.)	[afxénas], [svérkos]
keel (de)	**λαιμός** (αρ.)	[lemós]
haren (mv.)	**μαλλιά** (ουδ.πλ.)	[maliá]
kapsel (het)	**χτένισμα** (ουδ.)	[xténizma]
haarsnit (de)	**κούρεμα** (ουδ.)	[kúrema]
pruik (de)	**περούκα** (θηλ.)	[perúka]
snor (de)	**μουστάκι** (ουδ.)	[mustáki]
baard (de)	**μούσι** (ουδ.)	[músi]
dragen (een baard, enz.)	**φορώ**	[foró]
vlecht (de)	**κοτσίδα** (θηλ.)	[kotsíða]
bakkebaarden (mv.)	**φαβορίτες** (θηλ.πλ.)	[favorítes]
ros (roodachtig, rossig)	**κοκκινομάλλης**	[kokinomális]
grijs (~ haar)	**γκρίζος**	[grízos]
kaal (bn)	**φαλακρός**	[falʲakrós]

kale plek (de)	**φαλάκρα** (θηλ.)	[falʲákra]
paardenstaart (de)	**αλογοουρά** (θηλ.)	[alʲoɣourá]
pony (de)	**φράντζα** (θηλ.)	[frándza]

62. Menselijk lichaam

hand (de)	**χέρι** (ουδ.)	[xéri]
arm (de)	**χέρι** (ουδ.)	[xéri]
vinger (de)	**δάχτυλο** (ουδ.)	[ðáxtilʲo]
duim (de)	**αντίχειρας** (αρ.)	[andíxiras]
pink (de)	**μικρό δάχτυλο** (ουδ.)	[mikró ðáxtilʲo]
nagel (de)	**νύχι** (ουδ.)	[níxi]
vuist (de)	**γροθιά** (θηλ.)	[ɣroθxá]
handpalm (de)	**παλάμη** (θηλ.)	[palʲámi]
pols (de)	**καρπός** (αρ.)	[karpós]
voorarm (de)	**πήχης** (αρ.)	[píxis]
elleboog (de)	**αγκώνας** (αρ.)	[angónas]
schouder (de)	**ώμος** (αρ.)	[ómos]
been (rechter ~)	**πόδι** (ουδ.)	[póði]
voet (de)	**πόδι** (ουδ.)	[póði]
knie (de)	**γόνατο** (ουδ.)	[ɣónato]
kuit (de)	**γάμπα** (θηλ.)	[ɣámba]
heup (de)	**γοφός** (αρ.)	[ɣofós]
hiel (de)	**φτέρνα** (θηλ.)	[ftérna]
lichaam (het)	**σώμα** (ουδ.)	[sóma]
buik (de)	**κοιλιά** (θηλ.)	[kiliá]
borst (de)	**στήθος** (ουδ.)	[stíθos]
borst (de)	**στήθος** (ουδ.)	[stíθos]
zijde (de)	**λαγόνα** (θηλ.)	[lʲaɣóna]
rug (de)	**πλάτη** (θηλ.)	[plʲáti]
lage rug (de)	**οσφυική χώρα** (θηλ.)	[osfikí xóra]
taille (de)	**οσφύς** (θηλ.)	[osfís]
navel (de)	**ομφαλός** (αρ.)	[omfalʲós]
billen (mv.)	**οπίσθια** (ουδ.πλ.)	[opísθxa]
achterwerk (het)	**πισινός** (αρ.)	[pisinós]
huidvlek (de)	**ελιά** (θηλ.)	[eliá]
moedervlek (de)	**σημάδι εκ γενετής** (ουδ.)	[simáði ek ʝenetís]
tatoeage (de)	**τατουάζ** (ουδ.)	[tatuáz]
litteken (het)	**ουλή** (θηλ.)	[ulí]

63. Ziekten

ziekte (de)	**αρρώστια** (θηλ.)	[aróstia]
ziek zijn (ww)	**είμαι άρρωστος**	[íme árostos]
gezondheid (de)	**υγεία** (θηλ.)	[iʝía]
snotneus (de)	**συνάχι** (ουδ.)	[sináxi]

angina (de)	**αμυγδαλίτιδα** (θηλ.)	[amiɣðalítiða]
verkoudheid (de)	**κρυολόγημα** (ουδ.)	[kriolʲójima]
verkouden raken (ww)	**κρυολογώ**	[kriolʲoɣó]
bronchitis (de)	**βρογχίτιδα** (θηλ.)	[vronxítiða]
longontsteking (de)	**πνευμονία** (θηλ.)	[pnevmonía]
griep (de)	**γρίπη** (θηλ.)	[ɣrípi]
bijziend (bn)	**μύωπας**	[míopas]
verziend (bn)	**πρεσβύωπας**	[prezvíopas]
scheelheid (de)	**στραβισμός** (αρ.)	[stravizmós]
scheel (bn)	**αλλήθωρος**	[alíθoros]
grauwe staar (de)	**καταρράκτης** (αρ.)	[kataráktis]
glaucoom (het)	**γλαύκωμα** (ουδ.)	[ɣlʲáfkoma]
beroerte (de)	**αποπληξία** (θηλ.)	[apopliksía]
hartinfarct (het)	**έμφραγμα** (ουδ.)	[émfraɣma]
myocardiaal infarct (het)	**έμφραγμα του μυοκαρδίου** (ουδ.)	[émfraɣma tu miokarðíu]
verlamming (de)	**παράλυση** (θηλ.)	[parálisi]
verlammen (ww)	**παραλύω**	[paralío]
allergie (de)	**αλλεργία** (θηλ.)	[alerʝía]
astma (de/het)	**άσθμα** (ουδ.)	[ásθma]
diabetes (de)	**διαβήτης** (αρ.)	[ðiavítis]
tandpijn (de)	**πονόδοντος** (αρ.)	[ponóðondos]
tandbederf (het)	**τερηδόνα** (θηλ.)	[teriðóna]
diarree (de)	**διάρροια** (θηλ.)	[ðiária]
constipatie (de)	**δυσκοιλιότητα** (θηλ.)	[ðiskiliótita]
maagstoornis (de)	**στομαχική διαταραχή** (θηλ.)	[stomaxikí ðiataraxí]
voedselvergiftiging (de)	**τροφική δηλητηρίαση** (θηλ.)	[trofikí ðilitiríasi]
voedselvergiftiging oplopen	**δηλητηριάζομαι**	[ðilitiriázome]
artritis (de)	**αρθρίτιδα** (θηλ.)	[arθrítiða]
rachitis (de)	**ραχίτιδα** (θηλ.)	[raxítiða]
reuma (het)	**ρευματισμοί** (αρ.πλ.)	[revmatizmí]
arteriosclerose (de)	**αθηροσκλήρωση** (θηλ.)	[aθirosklírosi]
gastritis (de)	**γαστρίτιδα** (θηλ.)	[ɣastrítiða]
blindedarmontsteking (de)	**σκωληκοειδίτιδα** (θηλ.)	[skolikoiðítiða]
galblaasontsteking (de)	**χολοκυστίτιδα** (θηλ.)	[xolʲokistítiða]
zweer (de)	**έλκος** (ουδ.)	[élʲkos]
mazelen (mv.)	**ιλαρά** (θηλ.)	[ilʲará]
rodehond (de)	**ερυθρά** (θηλ.)	[eriθrá]
geelzucht (de)	**ίκτερος** (αρ.)	[íkteros]
leverontsteking (de)	**ηπατίτιδα** (θηλ.)	[ipatítiða]
schizofrenie (de)	**σχιζοφρένεια** (θηλ.)	[sxizofrénia]
dolheid (de)	**λύσσα** (θηλ.)	[lísa]
neurose (de)	**νεύρωση** (θηλ.)	[névrosi]
hersenschudding (de)	**διάσειση** (θηλ.)	[ðiásisi]
kanker (de)	**καρκίνος** (αρ.)	[karkínos]
sclerose (de)	**σκλήρυνση** (θηλ.)	[sklírinsi]

multiple sclerose (de)	σκλήρυνση κατά πλάκας (θηλ.)	[sklírinsi kataplʲákas]
alcoholisme (het)	αλκοολισμός (αρ.)	[alʲkoolizmós]
alcoholicus (de)	αλκοολικός (αρ.)	[alʲkoolikós]
syfilis (de)	σύφιλη (θηλ.)	[sífili]
AIDS (de)	AIDS (ουδ.)	[ejds]

tumor (de)	όγκος (αρ.)	[óngos]
kwaadaardig (bn)	κακοήθης	[kakoíθis]
goedaardig (bn)	καλοήθης	[kalʲoíθis]

koorts (de)	πυρετός (αρ.)	[piretós]
malaria (de)	ελονοσία (θηλ.)	[elʲonosía]
gangreen (het)	γάγγραινα (θηλ.)	[ɣángrena]
zeeziekte (de)	ναυτία (θηλ.)	[naftía]
epilepsie (de)	επιληψία (θηλ.)	[epilipsía]

epidemie (de)	επιδημία (θηλ.)	[epiðimía]
tyfus (de)	τύφος (αρ.)	[tífos]
tuberculose (de)	φυματίωση (θηλ.)	[fimatíosi]
cholera (de)	χολέρα (θηλ.)	[xoléra]
pest (de)	πανούκλα (θηλ.)	[panúklʲa]

64. Symptomen. Behandelingen. Deel 1

symptoom (het)	σύμπτωμα (ουδ.)	[símptoma]
temperatuur (de)	θερμοκρασία (θηλ.)	[θermokrasía]
verhoogde temperatuur (de)	υψηλή θερμοκρασία (θηλ.)	[ipsilí θermokrasía]
polsslag (de)	παλμός (αρ.)	[palʲmós]

duizeling (de)	ίλιγγος (αρ.)	[ílingos]
heet (erg warm)	ζεστός	[zestós]
koude rillingen (mv.)	ρίγος (ουδ.)	[ríɣos]
bleek (bn)	χλομός	[xlʲomós]

hoest (de)	βήχας (αρ.)	[víxas]
hoesten (ww)	βήχω	[víxo]
niezen (ww)	φτερνίζομαι	[fternízome]
flauwte (de)	λιποθυμία (θηλ.)	[lipoθimía]
flauwvallen (ww)	λιποθυμώ	[lipoθimó]

blauwe plek (de)	μελανιά (θηλ.)	[melʲaniá]
buil (de)	καρούμπαλο (ουδ.)	[karúmbalʲo]
zich stoten (ww)	χτυπάω	[xtipáo]
kneuzing (de)	μώλωπας (αρ.)	[mólʲopas]
kneuzen (gekneusd zijn)	χτυπάω	[xtipáo]

hinken (ww)	κουτσαίνω	[kutséno]
verstuiking (de)	εξάρθρημα (ουδ.)	[eksárθrima]
verstuiken (enkel, enz.)	εξαρθρώνω	[eksaθróno]
breuk (de)	κάταγμα (ουδ.)	[kátaɣma]
een breuk oplopen	παθαίνω κάταγμα	[paθéno kátaɣma]
snijwond (de)	κόψιμο, σχίσιμο (ουδ.)	[kópsimo], [sxísimo]
zich snijden (ww)	κόβομαι	[kóvome]

bloeding (de)	**αιμορραγία** (θηλ.)	[emoraʝía]
brandwond (de)	**έγκαυμα** (ουδ.)	[éngavma]
zich branden (ww)	**καίγομαι**	[kéɣome]
prikken (ww)	**τρυπώ**	[tripó]
zich prikken (ww)	**τρυπώ**	[tripó]
blesseren (ww)	**τραυματίζω**	[travmatízo]
blessure (letsel)	**τραυματισμός** (αρ.)	[travmatizmós]
wond (de)	**πληγή** (θηλ.)	[plʝí]
trauma (het)	**τραύμα** (ουδ.)	[trávma]
ijlen (ww)	**παραμιλώ**	[paramilʲó]
stotteren (ww)	**τραυλίζω**	[travlízo]
zonnesteek (de)	**ηλίαση** (θηλ.)	[ilíasi]

65. Symptomen. Behandelingen. Deel 2

pijn (de)	**πόνος** (αρ.)	[pónos]
splinter (de)	**ακίδα** (θηλ.)	[akíða]
zweet (het)	**ιδρώτας** (αρ.)	[iðrótas]
zweten (ww)	**ιδρώνω**	[iðróno]
braking (de)	**εμετός** (αρ.)	[emetós]
stuiptrekkingen (mv.)	**σπασμοί** (αρ.πλ.)	[spazmí]
zwanger (bn)	**έγκυος**	[éngios]
geboren worden (ww)	**γεννιέμαι**	[ʝeniéme]
geboorte (de)	**γέννα** (θηλ.)	[ʝéna]
baren (ww)	**γεννάω**	[ʝenáo]
abortus (de)	**έκτρωση** (θηλ.)	[éktrosi]
ademhaling (de)	**αναπνοή** (θηλ.)	[anapnoí]
inademing (de)	**εισπνοή** (θηλ.)	[ispnoí]
uitademing (de)	**εκπνοή** (θηλ.)	[ekpnoí]
uitademen (ww)	**εκπνέω**	[ekpnéo]
inademen (ww)	**εισπνέω**	[ispnéo]
invalide (de)	**ανάπηρος** (αρ.)	[anápiros]
gehandicapte (de)	**σακάτης** (αρ.)	[sakátis]
drugsverslaafde (de)	**ναρκομανής** (αρ.)	[narkomanís]
doof (bn)	**κουφός, κωφός**	[kufós], [kofós]
stom (bn)	**μουγγός**	[mungós]
doofstom (bn)	**κωφάλαλος**	[kofálʲalʲos]
krankzinnig (bn)	**τρελός**	[trelʲós]
krankzinnige (man)	**τρελός** (αρ.)	[trelʲós]
krankzinnige (vrouw)	**τρελή** (θηλ.)	[trelí]
krankzinnig worden	**τρελαίνομαι**	[trelénome]
gen (het)	**γονίδιο** (ουδ.)	[ɣoníðio]
immuniteit (de)	**ανοσία** (θηλ.)	[anosía]
erfelijk (bn)	**κληρονομικός**	[klironomikós]
aangeboren (bn)	**συγγενής**	[singenís]

virus (het)	**ιός** (αρ.)	[jos]
microbe (de)	**μικρόβιο** (ουδ.)	[mikróvio]
bacterie (de)	**βακτήριο** (ουδ.)	[vaktírio]
infectie (de)	**μόλυνση** (θηλ.)	[mólinsi]

66. Symptomen. Behandelingen. Deel 3

ziekenhuis (het)	**νοσοκομείο** (ουδ.)	[nosokomío]
patiënt (de)	**ασθενής** (αρ.)	[asθenís]
diagnose (de)	**διάγνωση** (θηλ.)	[ðiáɣnosi]
genezing (de)	**θεραπεία** (θηλ.)	[θerapía]
medische behandeling (de)	**ιατρική περίθαλψη** (θηλ.)	[jatrikí períθalʲpsi]
onder behandeling zijn	**θεραπεύομαι**	[θerapévume]
behandelen (ww)	**περιποιούμαι**	[peripiúme]
zorgen (zieken ~)	**φροντίζω**	[frondízo]
ziekenzorg (de)	**φροντίδα** (θηλ.)	[frondíða]
operatie (de)	**εγχείρηση** (θηλ.)	[enxírisi]
verbinden (een arm ~)	**επιδένω**	[epiðéno]
verband (het)	**επίδεση** (θηλ.)	[epíðesi]
vaccin (het)	**εμβόλιο** (ουδ.)	[emvólio]
inenten (vaccineren)	**εμβολιάζω**	[emvoliázo]
injectie (de)	**ένεση** (θηλ.)	[énesi]
een injectie geven	**κάνω ένεση**	[káno énesi]
amputatie (de)	**ακρωτηριασμός** (αρ.)	[akrotiriazmós]
amputeren (ww)	**ακρωτηριάζω**	[akrotiriázo]
coma (het)	**κώμα** (ουδ.)	[kóma]
in coma liggen	**βρίσκομαι σε κώμα**	[vrískome se kóma]
intensieve zorg, ICU (de)	**εντατική** (θηλ.)	[endatikí]
zich herstellen (ww)	**αναρρώνω**	[anaróno]
toestand (de)	**κατάσταση** (θηλ.)	[katástasi]
bewustzijn (het)	**αισθήσεις** (θηλ.πλ.)	[esθísis]
geheugen (het)	**μνήμη** (θηλ.)	[mními]
trekken (een kies ~)	**βγάζω**	[vɣázo]
vulling (de)	**σφράγισμα** (ουδ.)	[sfrájizma]
vullen (ww)	**σφραγίζω**	[sfrajízo]
hypnose (de)	**ύπνωση** (θηλ.)	[ípnosi]
hypnotiseren (ww)	**υπνωτίζω**	[ipnotízo]

67. Geneeskunde. Medicijnen. Accessoires

geneesmiddel (het)	**φάρμακο** (ουδ.)	[fármako]
middel (het)	**θεραπεία** (θηλ.)	[θerapía]
voorschrijven (ww)	**γράφω**	[ɣráfo]
recept (het)	**συνταγή** (θηλ.)	[sindají]
tablet (de/het)	**χάπι** (ουδ.)	[xápi]

zalf (de)	**αλοιφή** (θηλ.)	[alifí]
ampul (de)	**αμπούλα** (θηλ.)	[ambúlʲa]
drank (de)	**διάλυμα** (ουδ.)	[ðiálima]
siroop (de)	**σιρόπι** (ουδ.)	[sirópi]
pil (de)	**κάψουλα** (θηλ.)	[kápsulʲa]
poeder (de/het)	**σκόνη** (θηλ.)	[skóni]
verband (het)	**επίδεσμος** (αρ.)	[epíðezmos]
watten (mv.)	**χειρουργικό βαμβάκι** (ουδ.)	[xiruʝikó vamváki]
jodium (het)	**ιώδιο** (ουδ.)	[ióðio]
pleister (de)	**τσιρότο** (ουδ.)	[tsiróto]
pipet (de)	**σταγονόμετρο** (ουδ.)	[staɣonómetro]
thermometer (de)	**θερμόμετρο** (ουδ.)	[θermómetro]
spuit (de)	**σύριγγα** (θηλ.)	[síringa]
rolstoel (de)	**αναπηρικό καροτσάκι** (ουδ.)	[anapirikó karotsáki]
krukken (mv.)	**πατερίτσες** (θηλ.πλ.)	[paterítses]
pijnstiller (de)	**αναλγητικό** (ουδ.)	[analʲʝitikó]
laxeermiddel (het)	**καθαρτικό** (ουδ.)	[kaθartikó]
spiritus (de)	**οινόπνευμα** (ουδ.)	[inópnevma]
medicinale kruiden (mv.)	**θεραπευτικά βότανα** (ουδ.πλ.)	[θerapeftiká vótana]
kruiden- (abn)	**από βότανα**	[apó vótana]

APPARTEMENT

68. Appartement

appartement (het)	**διαμέρισμα** (ουδ.)	[ðiamérizma]
kamer (de)	**δωμάτιο** (ουδ.)	[ðomátio]
slaapkamer (de)	**υπνοδωμάτιο** (ουδ.)	[ipnoðomátio]
eetkamer (de)	**τραπεζαρία** (θηλ.)	[trapezaría]
salon (de)	**σαλόνι** (ουδ.)	[salʲóni]
studeerkamer (de)	**γραφείο** (ουδ.)	[ɣrafío]
gang (de)	**χωλ** (ουδ.)	[xolʲ]
badkamer (de)	**μπάνιο** (ουδ.)	[bánio]
toilet (het)	**τουαλέτα** (θηλ.)	[tualéta]
plafond (het)	**ταβάνι** (ουδ.)	[taváni]
vloer (de)	**πάτωμα** (ουδ.)	[pátoma]
hoek (de)	**γωνία** (θηλ.)	[ɣonía]

69. Meubels. Interieur

meubels (mv.)	**έπιπλα** (ουδ.πλ.)	[épiplʲa]
tafel (de)	**τραπέζι** (ουδ.)	[trapézi]
stoel (de)	**καρέκλα** (θηλ.)	[karéklʲa]
bed (het)	**κρεβάτι** (ουδ.)	[kreváti]
bankstel (het)	**καναπές** (αρ.)	[kanapés]
fauteuil (de)	**πολυθρόνα** (θηλ.)	[poliθróna]
boekenkast (de)	**βιβλιοθήκη** (θηλ.)	[vivlioθíki]
boekenrek (het)	**ράφι** (ουδ.)	[ráfi]
kledingkast (de)	**ντουλάπα** (θηλ.)	[dulʲápa]
kapstok (de)	**κρεμάστρα** (θηλ.)	[kremástra]
staande kapstok (de)	**καλόγερος** (αρ.)	[kalʲóʝeros]
commode (de)	**συρταριέρα** (θηλ.)	[sirtariéra]
salontafeltje (het)	**τραπεζάκι** (ουδ.)	[trapezáki]
spiegel (de)	**καθρέφτης** (αρ.)	[kaθréftis]
tapijt (het)	**χαλί** (ουδ.)	[xalí]
tapijtje (het)	**χαλάκι** (ουδ.)	[xalʲáki]
haard (de)	**τζάκι** (ουδ.)	[dzáki]
kaars (de)	**κερί** (ουδ.)	[kerí]
kandelaar (de)	**κηροπήγιο** (ουδ.)	[kiropíʝo]
gordijnen (mv.)	**κουρτίνες** (θηλ.πλ.)	[kurtínes]
behang (het)	**ταπετσαρία** (θηλ.)	[tapetsaría]

jaloezie (de)	**στόρια** (ουδ.πλ.)	[stória]
bureaulamp (de)	**επιτραπέζιο φωτιστικό** (ουδ.)	[epitrapézio fotistikó]
wandlamp (de)	**φωτιστικό τοίχου** (ουδ.)	[fotistikó tíxu]
staande lamp (de)	**φωτιστικό δαπέδου** (ουδ.)	[fotistikó ðapéðu]
luchter (de)	**πολυέλαιος** (αρ.)	[poliéleos]
poot (ov. een tafel, enz.)	**πόδι** (ουδ.)	[póði]
armleuning (de)	**μπράτσο** (ουδ.)	[brátso]
rugleuning (de)	**πλάτη** (θηλ.)	[plʲáti]
la (de)	**συρτάρι** (ουδ.)	[sirtári]

70. Beddengoed

beddengoed (het)	**σεντόνια** (ουδ.πλ.)	[sendónia]
kussen (het)	**μαξιλάρι** (ουδ.)	[maksilʲári]
kussenovertrek (de)	**μαξιλαροθήκη** (θηλ.)	[maksilʲaroθíki]
deken (de)	**πάπλωμα** (ουδ.)	[páplʲoma]
laken (het)	**σεντόνι** (ουδ.)	[sendóni]
sprei (de)	**κουβερλί** (ουδ.)	[kuverlí]

71. Keuken

keuken (de)	**κουζίνα** (θηλ.)	[kuzína]
gas (het)	**γκάζι** (ουδ.)	[gázi]
gasfornuis (het)	**κουζίνα με γκάζι** (θηλ.)	[kuzína me gázi]
elektrisch fornuis (het)	**ηλεκτρική κουζίνα** (θηλ.)	[ilektrikí kuzína]
oven (de)	**φούρνος** (αρ.)	[fúrnos]
magnetronoven (de)	**φούρνος μικροκυμάτων** (αρ.)	[fúrnos mikrokimáton]
koelkast (de)	**ψυγείο** (ουδ.)	[psijío]
diepvriezer (de)	**καταψύκτης** (αρ.)	[katapsíktis]
vaatwasmachine (de)	**πλυντήριο πιάτων** (ουδ.)	[plindírio piáton]
vleesmolen (de)	**κρεατομηχανή** (θηλ.)	[kreatomixaní]
vruchtenpers (de)	**αποχυμωτής** (αρ.)	[apoximotís]
toaster (de)	**φρυγανιέρα** (θηλ.)	[friɣaniéra]
mixer (de)	**μίξερ** (ουδ.)	[míkser]
koffiemachine (de)	**καφετιέρα** (θηλ.)	[kafetiéra]
koffiepot (de)	**καφετιέρα** (θηλ.)	[kafetiéra]
koffiemolen (de)	**μύλος του καφέ** (αρ.)	[mílʲos tu kafé]
fluitketel (de)	**βραστήρας** (αρ.)	[vrastíras]
theepot (de)	**τσαγιέρα** (θηλ.)	[tsajéra]
deksel (de/het)	**καπάκι** (ουδ.)	[kapáki]
theezeefje (het)	**σουρωτήρι τσαγιού** (ουδ.)	[surotíri tsajú]
lepel (de)	**κουτάλι** (ουδ.)	[kutáli]
theelepeltje (het)	**κουταλάκι του γλυκού** (ουδ.)	[kutalʲáki tu ɣlikú]
eetlepel (de)	**κουτάλι της σούπας** (ουδ.)	[kutáli tis súpas]
vork (de)	**πιρούνι** (ουδ.)	[pirúni]
mes (het)	**μαχαίρι** (ουδ.)	[maxéri]

vaatwerk (het)	**επιτραπέζια σκεύη** (ουδ.πλ.)	[epitrapézia skévi]
bord (het)	**πιάτο** (ουδ.)	[piáto]
schoteltje (het)	**πιατάκι** (ουδ.)	[piatáki]
likeurglas (het)	**σφηνοπότηρο** (ουδ.)	[sfinopótiro]
glas (het)	**ποτήρι** (ουδ.)	[potíri]
kopje (het)	**φλιτζάνι** (ουδ.)	[flidzáni]
suikerpot (de)	**ζαχαριέρα** (θηλ.)	[zaxariéra]
zoutvat (het)	**αλατιέρα** (θηλ.)	[alʲatiéra]
pepervat (het)	**πιπεριέρα** (θηλ.)	[piperiéra]
boterschaaltje (het)	**βουτυριέρα** (θηλ.)	[vutiriéra]
pan (de)	**κατσαρόλα** (θηλ.)	[katsarólʲa]
bakpan (de)	**τηγάνι** (ουδ.)	[tiɣáni]
pollepel (de)	**κουτάλα** (θηλ.)	[kutálʲa]
vergiet (de/het)	**σουρωτήρι** (ουδ.)	[surotíri]
dienblad (het)	**δίσκος** (αρ.)	[ðískos]
fles (de)	**μπουκάλι** (ουδ.)	[bukáli]
glazen pot (de)	**βάζο** (ουδ.)	[vázo]
blik (conserven~)	**κουτί** (ουδ.)	[kutí]
flesopener (de)	**ανοιχτήρι** (ουδ.)	[anixtíri]
blikopener (de)	**ανοιχτήρι** (ουδ.)	[anixtíri]
kurkentrekker (de)	**τιρμπουσόν** (ουδ.)	[tirbusón]
filter (de/het)	**φίλτρο** (ουδ.)	[fílʲtro]
filteren (ww)	**φιλτράρω**	[filʲtráro]
huisvuil (het)	**σκουπίδια** (ουδ.πλ.)	[skupíðia]
vuilnisemmer (de)	**κάδος σκουπιδιών** (αρ.)	[káðos skupiðión]

72. Badkamer

badkamer (de)	**μπάνιο** (ουδ.)	[bánio]
water (het)	**νερό** (ουδ.)	[neró]
kraan (de)	**βρύση** (ουδ.)	[vrísi]
warm water (het)	**ζεστό νερό** (ουδ.)	[zestó neró]
koud water (het)	**κρύο νερό** (ουδ.)	[krío neró]
tandpasta (de)	**οδοντόκρεμα** (θηλ.)	[oðondókrema]
tanden poetsen (ww)	**πλένω τα δόντια**	[pléno ta ðóndia]
zich scheren (ww)	**ξυρίζομαι**	[ksirízome]
scheercrème (de)	**αφρός ξυρίσματος** (αρ.)	[afrós ksirízmatos]
scheermes (het)	**ξυράφι** (ουδ.)	[ksiráfi]
wassen (ww)	**πλένω**	[pléno]
een bad nemen	**πλένομαι**	[plénome]
douche (de)	**ντους** (ουδ.)	[duz]
een douche nemen	**κάνω ντους**	[káno duz]
bad (het)	**μπανιέρα** (θηλ.)	[baniéra]
toiletpot (de)	**λεκάνη** (θηλ.)	[lekáni]

wastafel (de)	**νιπτήρας** (αρ.)	[niptíras]
zeep (de)	**σαπούνι** (ουδ.)	[sapúni]
zeepbakje (het)	**σαπουνοθήκη** (θηλ.)	[sapunoθíki]
spons (de)	**σφουγγάρι** (ουδ.)	[sfungári]
shampoo (de)	**σαμπουάν** (ουδ.)	[sambuán]
handdoek (de)	**πετσέτα** (θηλ.)	[petséta]
badjas (de)	**μπουρνούζι** (ουδ.)	[burnúzi]
was (bijv. handwas)	**μπουγάδα** (θηλ.)	[buɣáða]
wasmachine (de)	**πλυντήριο ρούχων** (ουδ.)	[plindírio rúxon]
de was doen	**πλένω τα σεντόνια**	[pléno ta sendónia]
waspoeder (de)	**απορρυπαντικό** (ουδ.)	[aporipandikó]

73. Huishoudelijke apparaten

televisie (de)	**τηλεόραση** (θηλ.)	[tileórasi]
cassettespeler (de)	**κασετόφωνο** (ουδ.)	[kasetófono]
videorecorder (de)	**συσκευή βίντεο** (θηλ.)	[siskeví vídeo]
radio (de)	**ραδιόφωνο** (ουδ.)	[raðiófono]
speler (de)	**πλέιερ** (ουδ.)	[pléjer]
videoprojector (de)	**βιντεοπροβολέας** (αρ.)	[videoprovoléas]
home theater systeem (het)	**οικιακός κινηματογράφος** (αρ.)	[ikiakós kinimatoɣráfos]
DVD-speler (de)	**συσκευή DVD** (θηλ.)	[siskeví dividí]
versterker (de)	**ενισχυτής** (αρ.)	[enisxitís]
spelconsole (de)	**κονσόλα παιχνιδιών** (θηλ.)	[konsólʲa pexniðion]
videocamera (de)	**βιντεοκάμερα** (θηλ.)	[videokámera]
fotocamera (de)	**φωτογραφική μηχανή** (θηλ.)	[fotoɣrafikí mixaní]
digitale camera (de)	**ψηφιακή φωτογραφική μηχανή** (θηλ.)	[psifiakí fotoɣrafikí mixaní]
stofzuiger (de)	**ηλεκτρική σκούπα** (θηλ.)	[ilektrikí skúpa]
strijkijzer (het)	**σίδερο** (ουδ.)	[síðero]
strijkplank (de)	**σιδερώστρα** (θηλ.)	[siðeróstra]
telefoon (de)	**τηλέφωνο** (ουδ.)	[tiléfono]
mobieltje (het)	**κινητό τηλέφωνο** (ουδ.)	[kinitó tiléfono]
schrijfmachine (de)	**γραφομηχανή** (θηλ.)	[ɣrafomixaní]
naaimachine (de)	**ραπτομηχανή** (θηλ.)	[raptomixaní]
microfoon (de)	**μικρόφωνο** (ουδ.)	[mikrófono]
koptelefoon (de)	**ακουστικά** (ουδ.πλ.)	[akustiká]
afstandsbediening (de)	**τηλεχειριστήριο** (ουδ.)	[tilexiristírio]
CD (de)	**συμπαγής δίσκος** (αρ.)	[simpaʝís ðískos]
cassette (de)	**κασέτα** (θηλ.)	[kaséta]
vinylplaat (de)	**δίσκος βινυλίου** (αρ.)	[ðískos vinilíu]

DE AARDE. WEER

74. De kosmische ruimte

Nederlands	Grieks	Uitspraak
kosmos (de)	διάστημα (ουδ.)	[ðiástima]
kosmisch (bn)	διαστημικός	[ðiastimikós]
kosmische ruimte (de)	απώτερο διάστημα (ουδ.)	[apótero ðiástima]
wereld (de), heelal (het)	σύμπαν (ουδ.)	[símban]
sterrenstelsel (het)	γαλαξίας (αρ.)	[ɣalʲaksías]
ster (de)	αστέρας (αρ.)	[astéras]
sterrenbeeld (het)	αστερισμός (αρ.)	[asterizmós]
planeet (de)	πλανήτης (αρ.)	[plʲanítis]
satelliet (de)	δορυφόρος (αρ.)	[ðorifóros]
meteoriet (de)	μετεωρίτης (αρ.)	[meteorítis]
komeet (de)	κομήτης (αρ.)	[komítis]
asteroïde (de)	αστεροειδής (αρ.)	[asteroiðís]
baan (de)	τροχιά (θηλ.)	[troxiá]
draaien (om de zon, enz.)	περιστρέφομαι	[peristréfome]
atmosfeer (de)	ατμόσφαιρα (θηλ.)	[atmósfera]
Zon (de)	Ήλιος (αρ.)	[ílios]
zonnestelsel (het)	ηλιακό σύστημα (ουδ.)	[iliakó sístima]
zonsverduistering (de)	έκλειψη ηλίου (θηλ.)	[éklipsi ilíu]
Aarde (de)	Γη (θηλ.)	[ji]
Maan (de)	Σελήνη (θηλ.)	[selíni]
Mars (de)	Άρης (αρ.)	[áris]
Venus (de)	Αφροδίτη (θηλ.)	[afroðíti]
Jupiter (de)	Δίας (αρ.)	[ðías]
Saturnus (de)	Κρόνος (αρ.)	[krónos]
Mercurius (de)	Ερμής (αρ.)	[ermís]
Uranus (de)	Ουρανός (αρ.)	[uranós]
Neptunus (de)	Ποσειδώνας (αρ.)	[posiðónas]
Pluto (de)	Πλούτωνας (αρ.)	[plʲútonas]
Melkweg (de)	Γαλαξίας (αρ.)	[ɣalʲaksías]
Grote Beer (de)	Μεγάλη Άρκτος (θηλ.)	[meɣáli árktos]
Poolster (de)	Πολικός Αστέρας (αρ.)	[polikós astéras]
marsmannetje (het)	Αρειανός (αρ.)	[arianós]
buitenaards wezen (het)	εξωγήινος (αρ.)	[eksojíinos]
bovenaards (het)	εξωγήινος (αρ.)	[eksojíinos]
vliegende schotel (de)	ιπτάμενος δίσκος (αρ.)	[iptámenos ðískos]
ruimtevaartuig (het)	διαστημόπλοιο (ουδ.)	[ðiastimóplio]

ruimtestation (het)	**διαστημικός σταθμός** (αρ.)	[ðiastimikós staθmós]
start (de)	**εκτόξευση** (θηλ.)	[ektóksefsi]
motor (de)	**κινητήρας** (αρ.)	[kinitíras]
straalpijp (de)	**ακροφύσιο** (ουδ.)	[akrofísio]
brandstof (de)	**καύσιμο** (ουδ.)	[káfsimo]
cabine (de)	**πιλοτήριο** (ουδ.)	[pilʲotírio]
antenne (de)	**κεραία** (θηλ.)	[keréa]
patrijspoort (de)	**φινιστρίνι** (ουδ.)	[finistríni]
zonnebatterij (de)	**ηλιακός συλλέκτης** (αρ.)	[iliakós siléktis]
ruimtepak (het)	**στολή αστροναύτη** (θηλ.)	[stolí astronáfti]
gewichtloosheid (de)	**έλλειψη βαρύτητας** (θηλ.)	[élipsi varítitas]
zuurstof (de)	**οξυγόνο** (ουδ.)	[oksiɣóno]
koppeling (de)	**πρόσδεση** (θηλ.)	[prózðesi]
koppeling maken	**προσδένω**	[prozðéno]
observatorium (het)	**αστεροσκοπείο** (ουδ.)	[asteroskopío]
telescoop (de)	**τηλεσκόπιο** (ουδ.)	[tileskópio]
waarnemen (ww)	**παρατηρώ**	[paratiró]
exploreren (ww)	**ερευνώ**	[erevnó]

75. De Aarde

Aarde (de)	**Γη** (θηλ.)	[ʝi]
aardbol (de)	**υδρόγειος** (θηλ.)	[iðróʝios]
planeet (de)	**πλανήτης** (αρ.)	[plʲanítis]
atmosfeer (de)	**ατμόσφαιρα** (θηλ.)	[atmósfera]
aardrijkskunde (de)	**γεωγραφία** (θηλ.)	[ʝeoɣrafía]
natuur (de)	**φύση** (θηλ.)	[físi]
wereldbol (de)	**υδρόγειος** (θηλ.)	[iðróʝios]
kaart (de)	**χάρτης** (αρ.)	[xártis]
atlas (de)	**άτλας** (αρ.)	[átlʲas]
Europa (het)	**Ευρώπη** (θηλ.)	[evrópi]
Azië (het)	**Ασία** (θηλ.)	[asía]
Afrika (het)	**Αφρική** (θηλ.)	[afrikí]
Australië (het)	**Αυστραλία** (θηλ.)	[afstralía]
Amerika (het)	**Αμερική** (θηλ.)	[amerikí]
Noord-Amerika (het)	**Βόρεια Αμερική** (θηλ.)	[vória amerikí]
Zuid-Amerika (het)	**Νότια Αμερική** (θηλ.)	[nótia amerikí]
Antarctica (het)	**Ανταρκτική** (θηλ.)	[andarktikí]
Arctis (de)	**Αρκτική** (θηλ.)	[arktikí]

76. Windrichtingen

noorden (het)	**βορράς** (αρ.)	[vorás]
naar het noorden	**προς το βορρά**	[pros to vorá]

in het noorden	**στο βορρά**	[sto vorá]
noordelijk (bn)	**βόρειος**	[vórios]
zuiden (het)	**νότος** (αρ.)	[nótos]
naar het zuiden	**προς το νότο**	[pros to nóto]
in het zuiden	**στο νότο**	[sto nóto]
zuidelijk (bn)	**νότιος**	[nótios]
westen (het)	**δύση** (θηλ.)	[ðísi]
naar het westen	**προς τη δύση**	[pros ti ðísi]
in het westen	**στη δύση**	[sti ðísi]
westelijk (bn)	**δυτικός**	[ðitikós]
oosten (het)	**ανατολή** (θηλ.)	[anatolí]
naar het oosten	**προς την ανατολή**	[pros tin anatolí]
in het oosten	**στην ανατολή**	[stin anatolí]
oostelijk (bn)	**ανατολικός**	[anatolikós]

77. Zee. Oceaan

zee (de)	**θάλασσα** (θηλ.)	[θálʲasa]
oceaan (de)	**ωκεανός** (αρ.)	[okeanós]
golf (baai)	**κόλπος** (αρ.)	[kólʲpos]
straat (de)	**πορθμός** (αρ.)	[porθmós]
continent (het)	**ήπειρος** (θηλ.)	[íperos]
eiland (het)	**νησί** (ουδ.)	[nisí]
schiereiland (het)	**χερσόνησος** (θηλ.)	[xersónisos]
archipel (de)	**αρχιπέλαγος** (ουδ.)	[arxipélʲaɣos]
baai, bocht (de)	**κόλπος** (αρ.)	[kólʲpos]
haven (de)	**λιμάνι** (ουδ.)	[limáni]
lagune (de)	**λιμνοθάλασσα** (θηλ.)	[limnoθálʲasa]
kaap (de)	**ακρωτήρι** (ουδ.)	[akrotíri]
atol (de)	**ατόλη** (θηλ.)	[atóli]
rif (het)	**ύφαλος** (αρ.)	[ífalʲos]
koraal (het)	**κοράλλι** (ουδ.)	[koráli]
koraalrif (het)	**κοραλλιογενής ύφαλος** (αρ.)	[koraliojenís ifalʲos]
diep (bn)	**βαθύς**	[vaθís]
diepte (de)	**βάθος** (ουδ.)	[váθos]
diepzee (de)	**άβυσσος** (θηλ.)	[ávisos]
trog (bijv. Marianentrog)	**τάφρος** (θηλ.)	[táfros]
stroming (de)	**ρεύμα** (ουδ.)	[révma]
omspoelen (ww)	**περιβρέχω**	[perivréxo]
oever (de)	**παραλία** (θηλ.)	[paralía]
kust (de)	**ακτή** (θηλ.)	[aktí]
vloed (de)	**πλημμυρίδα** (θηλ.)	[plimiríða]
eb (de)	**παλίρροια** (θηλ.)	[palíria]
ondiepte (ondiep water)	**ρηχά** (ουδ.πλ.)	[rixá]

bodem (de)	**πάτος** (αρ.)	[pátos]
golf (hoge ~)	**κύμα** (ουδ.)	[kíma]
golfkam (de)	**κορυφή** (θηλ.)	[korifí]
schuim (het)	**αφρός** (αρ.)	[afrós]
orkaan (de)	**τυφώνας** (αρ.)	[tifónas]
tsunami (de)	**τσουνάμι** (ουδ.)	[tsunámi]
windstilte (de)	**νηνεμία** (θηλ.)	[ninemía]
kalm (bijv. ~e zee)	**ήσυχος**	[ísixos]
pool (de)	**πόλος** (αρ.)	[pólʲos]
polair (bn)	**πολικός**	[polikós]
breedtegraad (de)	**γεωγραφικό πλάτος** (ουδ.)	[ʝeoɣrafikó plʲátos]
lengtegraad (de)	**μήκος** (ουδ.)	[míkos]
parallel (de)	**παράλληλος** (αρ.)	[parálilʲos]
evenaar (de)	**ισημερινός** (αρ.)	[isimerinós]
hemel (de)	**ουρανός** (αρ.)	[uranós]
horizon (de)	**ορίζοντας** (αρ.)	[orízondas]
lucht (de)	**αέρας** (αρ.)	[aéras]
vuurtoren (de)	**φάρος** (αρ.)	[fáros]
duiken (ww)	**βουτάω**	[vutáo]
zinken (ov. een boot)	**βυθίζομαι**	[viθízome]
schatten (mv.)	**θησαυροί** (αρ.πλ.)	[θisavrí]

78. Namen van zeeën en oceanen

Atlantische Oceaan (de)	**Ατλαντικός Ωκεανός** (αρ.)	[atlʲandikós okeanós]
Indische Oceaan (de)	**Ινδικός Ωκεανός** (αρ.)	[inðikós okeanós]
Stille Oceaan (de)	**Ειρηνικός Ωκεανός** (αρ.)	[irinikós okeanós]
Noordelijke IJszee (de)	**Αρκτικός Ωκεανός** (αρ.)	[arktikós okeanós]
Zwarte Zee (de)	**Μαύρη Θάλασσα** (θηλ.)	[mávri θálʲasa]
Rode Zee (de)	**Ερυθρά Θάλασσα** (θηλ.)	[eriθrá θálʲasa]
Gele Zee (de)	**Κίτρινη Θάλασσα** (θηλ.)	[kítrini θálʲasa]
Witte Zee (de)	**Λευκή Θάλασσα** (θηλ.)	[lefkí θálʲasa]
Kaspische Zee (de)	**Κασπία Θάλασσα** (θηλ.)	[kaspía θálʲasa]
Dode Zee (de)	**Νεκρά Θάλασσα** (θηλ.)	[nekrá θalʲasa]
Middellandse Zee (de)	**Μεσόγειος Θάλασσα** (θηλ.)	[mesóʝios θálʲasa]
Egeïsche Zee (de)	**Αιγαίο** (ουδ.)	[eʝéo]
Adriatische Zee (de)	**Αδριατική** (θηλ.)	[aðriatikí]
Arabische Zee (de)	**Αραβική Θάλασσα** (θηλ.)	[aravikí θálʲasa]
Japanse Zee (de)	**Ιαπωνική Θάλασσα** (θηλ.)	[ʝaponikí θálʲasa]
Beringzee (de)	**Βερίγγειος Θάλασσα** (θηλ.)	[veríngios θálʲasa]
Zuid-Chinese Zee (de)	**Νότια Κινέζικη Θάλασσα** (θηλ.)	[nótia kinéziki θálʲasa]
Koraalzee (de)	**Θάλασσα των Κοραλλίων** (θηλ.)	[θálʲasa tonkoralíon]

Tasmanzee (de)	**Θάλασσα της Τασμανίας** (θηλ.)	[θálʲasa tis tazmanías]
Caribische Zee (de)	**Καραϊβική θάλασσα** (θηλ.)	[karaivikí θálʲasa]
Barentszzee (de)	**Θάλασσα Μπάρεντς** (θηλ.)	[θalʲasa bárents]
Karische Zee (de)	**Θάλασσα του Κάρα** (θηλ.)	[θalʲasa tu kára]
Noordzee (de)	**Βόρεια Θάλασσα** (θηλ.)	[vória θálʲasa]
Baltische Zee (de)	**Βαλτική Θάλασσα** (θηλ.)	[valʲtikí θálʲasa]
Noorse Zee (de)	**Νορβηγική Θάλασσα** (θηλ.)	[norviʝikí θálʲasa]

79. Bergen

berg (de)	**βουνό** (ουδ.)	[vunó]
bergketen (de)	**οροσειρά** (θηλ.)	[orosirá]
gebergte (het)	**κορυφογραμμή** (θηλ.)	[korifoɣramí]
bergtop (de)	**κορυφή** (θηλ.)	[korifí]
bergpiek (de)	**κορυφή** (θηλ.)	[korifí]
voet (ov. de berg)	**πρόποδες** (αρ.πλ.)	[própoðes]
helling (de)	**πλαγιά** (θηλ.)	[plʲaʝá]
vulkaan (de)	**ηφαίστειο** (ουδ.)	[iféstio]
actieve vulkaan (de)	**ενεργό ηφαίστειο** (ουδ.)	[enerɣó iféstio]
uitgedoofde vulkaan (de)	**σβησμένο ηφαίστειο** (ουδ.)	[svizméno iféstio]
uitbarsting (de)	**έκρηξη** (θηλ.)	[ékriksi]
krater (de)	**κρατήρας** (αρ.)	[kratíras]
magma (het)	**μάγμα** (ουδ.)	[máɣma]
lava (de)	**λάβα** (θηλ.)	[lʲáva]
gloeiend (~e lava)	**πυρακτωμένος**	[piraktoménos]
kloof (canyon)	**φαράγγι** (ουδ.)	[farángi]
bergkloof (de)	**φαράγγι** (ουδ.)	[farángi]
spleet (de)	**ρωγμή** (θηλ.)	[roɣmí]
bergpas (de)	**διάσελο** (ουδ.)	[ðiáselʲo]
plateau (het)	**οροπέδιο** (ουδ.)	[oropéðio]
klip (de)	**γκρεμός** (αρ.)	[gremós]
heuvel (de)	**λόφος** (αρ.)	[lʲófos]
gletsjer (de)	**παγετώνας** (αρ.)	[paʝetónas]
waterval (de)	**καταρράκτης** (αρ.)	[kataráktis]
geiser (de)	**θερμοπίδακας** (αρ.)	[θermopíðakas]
meer (het)	**λίμνη** (θηλ.)	[límni]
vlakte (de)	**πεδιάδα** (θηλ.)	[peðiáða]
landschap (het)	**τοπίο** (ουδ.)	[topío]
echo (de)	**ηχώ** (θηλ.)	[ixó]
alpinist (de)	**ορειβάτης** (αρ.)	[orivátis]
bergbeklimmer (de)	**ορειβάτης** (αρ.)	[orivátis]
trotseren (berg ~)	**κατακτώ**	[kataktó]
beklimming (de)	**ανάβαση** (θηλ.)	[anávasi]

80. Bergen namen

Alpen (de)	**Άλπεις** (θηλ.πλ.)	[álʲpis]
Mont Blanc (de)	**Λευκό Όρος** (ουδ.)	[lefkó oros]
Pyreneeën (de)	**Πυρηναία** (ουδ.πλ.)	[pirinéa]
Karpaten (de)	**Καρπάθια Όρη** (ουδ.πλ.)	[karpáθxa óri]
Oeralgebergte (het)	**Ουράλια** (ουδ.πλ.)	[urália]
Kaukasus (de)	**Καύκασος** (αρ.)	[káfkasos]
Elbroes (de)	**Ελμπρούς** (ουδ.)	[elʲbrús]
Altaj (de)	**όρη Αλτάι** (ουδ.πλ.)	[óri alʲtáj]
Pamir (de)	**Παμίρ** (ουδ.)	[pamír]
Himalaya (de)	**Ιμαλάια** (ουδ.πλ.)	[imalʲája]
Everest (de)	**Έβερεστ** (ουδ.)	[éverest]
Andes (de)	**Άνδεις** (θηλ.πλ.)	[ánðis]
Kilimanjaro (de)	**Κιλιμαντζάρο** (ουδ.)	[kilimandzáro]

81. Rivieren

rivier (de)	**ποταμός** (αρ.)	[potamós]
bron (~ van een rivier)	**πηγή** (θηλ.)	[piʝí]
rivierbedding (de)	**κοίτη** (θηλ.)	[kíti]
rivierbekken (het)	**λεκάνη** (θηλ.)	[lekáni]
uitmonden in ...	**εκβάλλω στο ...**	[ekválʲo sto]
zijrivier (de)	**παραπόταμος** (αρ.)	[parapótamos]
oever (de)	**ακτή** (θηλ.)	[aktí]
stroming (de)	**ρεύμα** (ουδ.)	[révma]
stroomafwaarts (bw)	**στη φορά του ρεύματος**	[sti forá tu révmatos]
stroomopwaarts (bw)	**κόντρα στο ρεύμα**	[kóndra sto révma]
overstroming (de)	**πλημμύρα** (θηλ.)	[plimíra]
overstroming (de)	**ξεχείλισμα** (ουδ.)	[ksexílizma]
buiten zijn oevers treden	**πλημμυρίζω**	[plimirízo]
overstromen (ww)	**πλημμυρίζω**	[plimirízo]
zandbank (de)	**ρηχά** (ουδ.πλ.)	[rixá]
stroomversnelling (de)	**ορμητικό ρεύμα** (ουδ.)	[ormitikó révma]
dam (de)	**φράγμα** (ουδ.)	[fráɣma]
kanaal (het)	**κανάλι** (ουδ.)	[kanáli]
spaarbekken (het)	**ταμιευτήρας** (αρ.)	[tamieftíras]
sluis (de)	**θυρόφραγμα** (ουδ.)	[θirófraɣma]
waterlichaam (het)	**νερόλακκος** (αρ.)	[nerólʲakos]
moeras (het)	**έλος** (ουδ.)	[élʲos]
broek (het)	**βάλτος** (αρ.)	[válʲtos]
draaikolk (de)	**δίνη** (θηλ.)	[ðíni]
stroom (de)	**ρυάκι** (ουδ.)	[riáki]
drink- (abn)	**πόσιμο**	[pósimo]

zoet (~ water)	**γλυκό**	[ɣlikó]
ijs (het)	**πάγος** (αρ.)	[páɣos]
bevriezen (rivier, enz.)	**παγώνω**	[paɣóno]

82. Namen van rivieren

Seine (de)	**Σηκουάνας** (αρ.)	[sikuánas]
Loire (de)	**Λίγηρας** (αρ.)	[líʝiras]
Theems (de)	**Τάμεσης** (αρ.)	[támesis]
Rijn (de)	**Ρήνος** (αρ.)	[rínos]
Donau (de)	**Δούναβης** (αρ.)	[ðúnavis]
Wolga (de)	**Βόλγας** (αρ.)	[vólʲɣas]
Don (de)	**Ντον** (αρ.)	[don]
Lena (de)	**Λένας** (αρ.)	[lénas]
Gele Rivier (de)	**Κίτρινος Ποταμός** (αρ.)	[kítrinos potamós]
Blauwe Rivier (de)	**Γιανγκτσέ** (αρ.)	[ʝangtsé]
Mekong (de)	**Μεκόνγκ** (αρ.)	[mekóng]
Ganges (de)	**Γάγγης** (αρ.)	[ɣángis]
Nijl (de)	**Νείλος** (αρ.)	[nílʲos]
Kongo (de)	**Κονγκό** (αρ.)	[kongó]
Okavango (de)	**Οκαβάνγκο** (αρ.)	[okavángo]
Zambezi (de)	**Ζαμβέζης** (αρ.)	[zamvézis]
Limpopo (de)	**Λιμπόπο** (αρ.)	[limbópo]
Mississippi (de)	**Μισισιπής** (αρ.)	[misisipís]

83. Bos

bos (het)	**δάσος** (ουδ.)	[ðásos]
bos- (abn)	**του δάσους**	[tu ðásus]
oerwoud (dicht bos)	**πυκνό δάσος** (ουδ.)	[piknó ðásos]
bosje (klein bos)	**άλσος** (ουδ.)	[álʲsos]
open plek (de)	**ξέφωτο** (ουδ.)	[kséfoto]
struikgewas (het)	**λόχμη** (θηλ.)	[lʲóxmi]
struiken (mv.)	**θαμνότοπος** (αρ.)	[θamnótopos]
paadje (het)	**μονοπάτι** (ουδ.)	[monopáti]
ravijn (het)	**χαράδρα** (θηλ.)	[xaráðra]
boom (de)	**δέντρο** (ουδ.)	[ðéndro]
blad (het)	**φύλλο** (ουδ.)	[fílʲo]
gebladerte (het)	**φύλλωμα** (ουδ.)	[fílʲoma]
vallende bladeren (mv.)	**φυλλοβολία** (θηλ.)	[filʲovolía]
vallen (ov. de bladeren)	**πέφτω**	[péfto]
boomtop (de)	**κορυφή** (θηλ.)	[korifí]
tak (de)	**κλαδί** (ουδ.)	[klaðí]

ent (de)	**μεγάλο κλαδί** (ουδ.)	[meɣálʲo klʲaðí]
knop (de)	**μπουμπούκι** (ουδ.)	[bubúki]
naald (de)	**βελόνα** (θηλ.)	[velʲóna]
dennenappel (de)	**κουκουνάρι** (ουδ.)	[kukunári]
boom holte (de)	**φωλιά στο δέντρο** (θηλ.)	[foliá sto ðéndro]
nest (het)	**φωλιά** (θηλ.)	[foliá]
hol (het)	**φωλιά** (θηλ.), **λαγούμι** (ουδ.)	[foliá], [lʲaɣúmi]
stam (de)	**κορμός** (αρ.)	[kormós]
wortel (bijv. boom~s)	**ρίζα** (θηλ.)	[ríza]
schors (de)	**φλοιός** (αρ.)	[fliós]
mos (het)	**βρύο** (ουδ.)	[vrío]
ontwortelen (een boom)	**ξεριζώνω**	[kserizóno]
kappen (een boom ~)	**κόβω**	[kóvo]
ontbossen (ww)	**αποψιλώνω**	[apopsilʲóno]
stronk (de)	**κομμένος κορμός** (αρ.)	[koménos kormós]
kampvuur (het)	**φωτιά** (θηλ.)	[fotiá]
bosbrand (de)	**πυρκαγιά** (θηλ.)	[pirkajá]
blussen (ww)	**σβήνω**	[zvíno]
boswachter (de)	**δασοφύλακας** (αρ.)	[ðasofílʲakas]
bescherming (de)	**προστασία** (θηλ.)	[prostasía]
beschermen (bijv. de natuur ~)	**προστατεύω**	[prostatévo]
stroper (de)	**λαθροθήρας** (αρ.)	[lʲaθroθíras]
val (de)	**δόκανο** (ουδ.)	[ðókano]
plukken (vruchten, enz.)	**μαζεύω**	[mazévo]
verdwalen (de weg kwijt zijn)	**χάνομαι**	[xánome]

84. Natuurlijke hulpbronnen

natuurlijke rijkdommen (mv.)	**φυσικοί πόροι** (αρ.πλ.)	[fisikí póri]
delfstoffen (mv.)	**ορυκτά** (ουδ.πλ.)	[oriktá]
lagen (mv.)	**κοιτάσματα** (ουδ.πλ.)	[kitázmata]
veld (bijv. olie~)	**κοίτασμα** (ουδ.)	[kítazma]
winnen (uit erts ~)	**εξορύσσω**	[eksoríso]
winning (de)	**εξόρυξη** (θηλ.)	[eksóriksi]
erts (het)	**μετάλλευμα** (ουδ.)	[metálevma]
mijn (bijv. kolenmijn)	**μεταλλείο, ορυχείο** (ουδ.)	[metalío], [orixío]
mijnschacht (de)	**φρεάτιο ορυχείου** (ουδ.)	[freátio orixíu]
mijnwerker (de)	**ανθρακωρύχος** (αρ.)	[anθrakoríxos]
gas (het)	**αέριο** (ουδ.)	[aério]
gasleiding (de)	**αγωγός αερίου** (αρ.)	[aɣoɣós aeríu]
olie (aardolie)	**πετρέλαιο** (ουδ.)	[petréleo]
olieleiding (de)	**πετρελαιαγωγός** (αρ.)	[petreleaɣoɣós]
oliebron (de)	**πετρελαιοπηγή** (θηλ.)	[petreleopijí]
boortoren (de)	**πύργος διατρήσεων** (αρ.)	[píɾɣos ðiatríseon]

tanker (de)	**τάνκερ** (ουδ.)	[tánker]
zand (het)	**άμμος** (θηλ.)	[ámos]
kalksteen (de)	**ασβεστόλιθος** (αρ.)	[asvestóliθos]
grind (het)	**χαλίκι** (ουδ.)	[xalíki]
veen (het)	**τύρφη** (θηλ.)	[tírfi]
klei (de)	**πηλός** (αρ.)	[pilʲós]
steenkool (de)	**γαιάνθρακας** (αρ.)	[ɣeánθrakas]

ijzer (het)	**σιδηρομετάλλευμα** (ουδ.)	[siðirometálevma]
goud (het)	**χρυσάφι** (ουδ.)	[xrisáfi]
zilver (het)	**ασήμι** (ουδ.)	[asími]
nikkel (het)	**νικέλιο** (ουδ.)	[nikélio]
koper (het)	**χαλκός** (αρ.)	[xalʲkós]

zink (het)	**ψευδάργυρος** (αρ.)	[psevðárʝiros]
mangaan (het)	**μαγγάνιο** (ουδ.)	[mangánio]
kwik (het)	**υδράργυρος** (αρ.)	[iðrárʝiros]
lood (het)	**μόλυβδος** (αρ.)	[mólivðos]

mineraal (het)	**ορυκτό** (ουδ.)	[oriktó]
kristal (het)	**κρύσταλλος** (αρ.)	[krístalʲos]
marmer (het)	**μάρμαρο** (ουδ.)	[mármaro]
uraan (het)	**ουράνιο** (ουδ.)	[uránio]

85. Weer

weer (het)	**καιρός** (αρ.)	[kerós]
weersvoorspelling (de)	**πρόγνωση καιρού** (θηλ.)	[próɣnosi kerú]
temperatuur (de)	**θερμοκρασία** (θηλ.)	[θermokrasía]
thermometer (de)	**θερμόμετρο** (ουδ.)	[θermómetro]
barometer (de)	**βαρόμετρο** (ουδ.)	[varómetro]

vochtigheid (de)	**υγρασία** (θηλ.)	[iɣrasía]
hitte (de)	**ζέστη** (θηλ.)	[zésti]
heet (bn)	**ζεστός, καυτός**	[zestós], [kaftós]
het is heet	**κάνει ζέστη**	[káni zésti]

het is warm	**κάνει ζέστη**	[káni zésti]
warm (bn)	**ζεστός**	[zestós]

het is koud	**κάνει κρύο**	[káni krío]
koud (bn)	**κρύος**	[kríos]

zon (de)	**ήλιος** (αρ.)	[ílios]
schijnen (de zon)	**λάμπω**	[lʲámbo]
zonnig (~e dag)	**ηλιόλουστος**	[iliólʲustos]
opgaan (ov. de zon)	**ανατέλλω**	[anatélʲo]
ondergaan (ww)	**δύω**	[ðío]

wolk (de)	**σύννεφο** (ουδ.)	[sínefo]
bewolkt (bn)	**συννεφιασμένος**	[sinefiazménos]
regenwolk (de)	**μαύρο σύννεφο** (ουδ.)	[mávro sínefo]
somber (bn)	**συννεφιασμένος**	[sinefiazménos]
regen (de)	**βροχή** (θηλ.)	[vroxí]

het regent	βρέχει	[vréxi]
regenachtig (bn)	βροχερός	[vroxerós]
motregenen (ww)	ψιχαλίζει	[psixalízi]

plensbui (de)	δυνατή βροχή (θηλ.)	[ðinatí vroxí]
stortbui (de)	νεροποντή (θηλ.)	[neropondí]
hard (bn)	δυνατός	[ðinatós]
plas (de)	λακκούβα (θηλ.)	[lʲakúva]
nat worden (ww)	βρέχομαι	[vréxome]

mist (de)	ομίχλη (θηλ.)	[omíxli]
mistig (bn)	ομιχλώδης	[omixlʲóðis]
sneeuw (de)	χιόνι (ουδ.)	[xóni]
het sneeuwt	χιονίζει	[xonízi]

86. Zwaar weer. Natuurrampen

noodweer (storm)	καταιγίδα (θηλ.)	[katejíða]
bliksem (de)	αστραπή (θηλ.)	[astrapí]
flitsen (ww)	αστράπτω	[astrápto]

donder (de)	βροντή (θηλ.)	[vrondí]
donderen (ww)	βροντάω	[vrondáo]
het dondert	βροντάει	[vrondái]

| hagel (de) | χαλάζι (ουδ.) | [xalʲázi] |
| het hagelt | ρίχνει χαλάζι | [ríxni xalʲázi] |

| overstromen (ww) | πλημμυρίζω | [plimirízo] |
| overstroming (de) | πλημμύρα (θηλ.) | [plimíra] |

aardbeving (de)	σεισμός (αρ.)	[sizmós]
aardschok (de)	δόνηση (θηλ.)	[ðónisi]
epicentrum (het)	επίκεντρο (ουδ.)	[epíkendro]

| uitbarsting (de) | έκρηξη (θηλ.) | [ékriksi] |
| lava (de) | λάβα (θηλ.) | [lʲáva] |

wervelwind (de)	ανεμοστρόβιλος (αρ.)	[anemostróvilʲos]
windhoos (de)	σίφουνας (αρ.)	[sífunas]
tyfoon (de)	τυφώνας (αρ.)	[tifónas]

orkaan (de)	τυφώνας (αρ.)	[tifónas]
storm (de)	καταιγίδα (θηλ.)	[katejíða]
tsunami (de)	τσουνάμι (ουδ.)	[tsunámi]

cycloon (de)	κυκλώνας (αρ.)	[kiklʲónas]
onweer (het)	κακοκαιρία (θηλ.)	[kakokería]
brand (de)	φωτιά, πυρκαγιά (θηλ.)	[fotiá], [pirkajá]
ramp (de)	καταστροφή (θηλ.)	[katastrofí]
meteoriet (de)	μετεωρίτης (αρ.)	[meteorítis]

| lawine (de) | χιονοστιβάδα (θηλ.) | [xonostiváða] |
| sneeuwverschuiving (de) | χιονοστιβάδα (θηλ.) | [xonostiváða] |

| sneeuwjacht (de) | χιονοθύελλα (θηλ.) | [xonoθíelʲa] |
| sneeuwstorm (de) | χιονοθύελλα (θηλ.) | [xonoθíelʲa] |

FAUNA

87. Zoogdieren. Roofdieren

roofdier (het)	**θηρευτής** (ουδ.)	[θireftís]
tijger (de)	**τίγρη** (θηλ.), **τίγρης** (αρ.)	[tíɣri], [tíɣris]
leeuw (de)	**λιοντάρι** (ουδ.)	[liondári]
wolf (de)	**λύκος** (αρ.)	[líkos]
vos (de)	**αλεπού** (θηλ.)	[alepú]
jaguar (de)	**ιαγουάρος** (αρ.)	[jaɣuáros]
luipaard (de)	**λεοπάρδαλη** (θηλ.)	[leopárðali]
jachtluipaard (de)	**γατόπαρδος** (αρ.)	[ɣatóparðos]
panter (de)	**πάνθηρας** (αρ.)	[pánθiras]
poema (de)	**πούμα** (ουδ.)	[púma]
sneeuwluipaard (de)	**λεοπάρδαλη** (θηλ.) **των χιόνων**	[leopárðali ton xiónon]
lynx (de)	**λύγκας** (αρ.)	[língas]
coyote (de)	**κογιότ** (ουδ.)	[kojiót]
jakhals (de)	**τσακάλι** (ουδ.)	[tsakáli]
hyena (de)	**ύαινα** (θηλ.)	[íena]

88. Wilde dieren

dier (het)	**ζώο** (ουδ.)	[zóo]
beest (het)	**θηρίο** (ουδ.)	[θirío]
eekhoorn (de)	**σκίουρος** (αρ.)	[skíuros]
egel (de)	**σκαντζόχοιρος** (αρ.)	[skandzóxiros]
haas (de)	**λαγός** (αρ.)	[lʲaɣós]
konijn (het)	**κουνέλι** (ουδ.)	[kunéli]
das (de)	**ασβός** (αρ.)	[azvós]
wasbeer (de)	**ρακούν** (ουδ.)	[rakún]
hamster (de)	**χάμστερ** (ουδ.)	[xámster]
marmot (de)	**μυωξός** (αρ.)	[mioksós]
mol (de)	**τυφλοπόντικας** (αρ.)	[tiflʲopóndikas]
muis (de)	**ποντίκι** (ουδ.)	[pondíki]
rat (de)	**αρουραίος** (αρ.)	[aruréos]
vleermuis (de)	**νυχτερίδα** (θηλ.)	[nixteríða]
hermelijn (de)	**ερμίνα** (θηλ.)	[ermína]
sabeldier (het)	**σαμούρι** (ουδ.)	[samúri]
marter (de)	**κουνάβι** (ουδ.)	[kunávi]
wezel (de)	**νυφίτσα** (θηλ.)	[nifítsa]

nerts (de)	**βιζόν** (ουδ.)	[vizón]
bever (de)	**κάστορας** (αρ.)	[kástoras]
otter (de)	**ενυδρίδα** (θηλ.)	[eniðríða]
paard (het)	**άλογο** (ουδ.)	[áloɣo]
eland (de)	**άλκη** (θηλ.)	[álʲki]
hert (het)	**ελάφι** (ουδ.)	[elʲáfi]
kameel (de)	**καμήλα** (θηλ.)	[kamílʲa]
bizon (de)	**βίσονας** (αρ.)	[vísonas]
wisent (de)	**βόνασος** (αρ.)	[vónasos]
buffel (de)	**βούβαλος** (αρ.)	[vúvalʲos]
zebra (de)	**ζέβρα** (θηλ.)	[zévra]
antilope (de)	**αντιλόπη** (θηλ.)	[andilʲópi]
ree (de)	**ζαρκάδι** (ουδ.)	[zarkáði]
damhert (het)	**ντάμα ντάμα** (ουδ.)	[dáma dáma]
gems (de)	**αγριόγιδο** (ουδ.)	[aɣrióɣiðo]
everzwijn (het)	**αγριογούρουνο** (αρ.)	[aɣrioɣúruno]
walvis (de)	**φάλαινα** (θηλ.)	[fálena]
rob (de)	**φώκια** (θηλ.)	[fókia]
walrus (de)	**θαλάσσιος ίππος** (αρ.)	[θalʲásios ípos]
zeebeer (de)	**γουνοφόρα φώκια** (θηλ.)	[ɣunofóra fóka]
dolfijn (de)	**δελφίνι** (ουδ.)	[ðelʲfíni]
beer (de)	**αρκούδα** (θηλ.)	[arkúða]
ijsbeer (de)	**πολική αρκούδα** (θηλ.)	[polikí arkúða]
panda (de)	**πάντα** (ουδ.)	[pánda]
aap (de)	**μαϊμού** (θηλ.)	[majmú]
chimpansee (de)	**χιμπαντζής** (ουδ.)	[xibadzís]
orang-oetan (de)	**ουραγκοτάγκος** (αρ.)	[urangotángos]
gorilla (de)	**γορίλας** (αρ.)	[ɣorílʲas]
makaak (de)	**μακάκας** (αρ.)	[makákas]
gibbon (de)	**γίββωνας** (αρ.)	[ʝívonas]
olifant (de)	**ελέφαντας** (αρ.)	[eléfandas]
neushoorn (de)	**ρινόκερος** (αρ.)	[rinókeros]
giraffe (de)	**καμηλοπάρδαλη** (θηλ.)	[kamilʲopárðali]
nijlpaard (het)	**ιπποπόταμος** (αρ.)	[ipopótamos]
kangoeroe (de)	**καγκουρό** (ουδ.)	[kanguró]
koala (de)	**κοάλα** (ουδ.)	[koálʲa]
mangoest (de)	**μαγκούστα** (θηλ.)	[mangústa]
chinchilla (de)	**τσιντσιλά** (ουδ.)	[tsintsilʲá]
stinkdier (het)	**μεφίτιδα** (θηλ.)	[mefítiða]
stekelvarken (het)	**ακανθόχοιρος** (αρ.)	[akanθóxiros]

89. Huisdieren

poes (de)	**γάτα** (θηλ.)	[ɣáta]
kater (de)	**γάτος** (αρ.)	[ɣátos]

hond (de)	**σκύλος** (αρ.)	[skílʲos]
paard (het)	**άλογο** (ουδ.)	[álʲoɣo]
hengst (de)	**επιβήτορας** (αρ.)	[epivítoras]
merrie (de)	**φοράδα** (θηλ.)	[foráða]
koe (de)	**αγελάδα** (θηλ.)	[aʝelʲáða]
bul, stier (de)	**ταύρος** (αρ.)	[távros]
os (de)	**βόδι** (ουδ.)	[vóði]
schaap (het)	**πρόβατο** (ουδ.)	[próvato]
ram (de)	**κριάρι** (ουδ.)	[kriári]
geit (de)	**κατσίκα, γίδα** (θηλ.)	[katsíka], [ʝíða]
bok (de)	**τράγος** (αρ.)	[tráɣos]
ezel (de)	**γάιδαρος** (αρ.)	[ɣáiðaros]
muilezel (de)	**μουλάρι** (ουδ.)	[mulʲári]
varken (het)	**γουρούνι** (ουδ.)	[ɣurúni]
biggetje (het)	**γουρουνάκι** (ουδ.)	[ɣurunáki]
konijn (het)	**κουνέλι** (ουδ.)	[kunéli]
kip (de)	**κότα** (θηλ.)	[kóta]
haan (de)	**πετεινός, κόκορας** (αρ.)	[petinós], [kókoras]
eend (de)	**πάπια** (θηλ.)	[pápia]
woerd (de)	**αρσενική πάπια** (θηλ.)	[arsenikí pápia]
gans (de)	**χήνα** (θηλ.)	[xína]
kalkoen haan (de)	**γάλος** (αρ.)	[ɣálʲos]
kalkoen (de)	**γαλοπούλα** (θηλ.)	[ɣalʲopúlʲa]
huisdieren (mv.)	**κατοικίδια** (ουδ.πλ.)	[katikíðia]
tam (bijv. hamster)	**κατοικίδιος**	[katikíðios]
temmen (tam maken)	**δαμάζω**	[ðamázo]
fokken (bijv. paarden ~)	**εκτρέφω**	[ektréfo]
boerderij (de)	**αγρόκτημα** (ουδ.)	[aɣróktima]
gevogelte (het)	**πουλερικό** (ουδ.)	[pulerikó]
rundvee (het)	**βοοειδή** (ουδ.πλ.)	[vooiðí]
kudde (de)	**κοπάδι** (ουδ.)	[kopáði]
paardenstal (de)	**στάβλος** (αρ.)	[stávlʲos]
zwijnenstal (de)	**χοιροστάσιο** (ουδ.)	[xirostásio]
koeienstal (de)	**βουστάσιο** (ουδ.)	[vustásio]
konijnenhok (het)	**κλουβί κουνελιού** (ουδ.)	[klʲuví kuneliú]
kippenhok (het)	**κοτέτσι** (ουδ.)	[kotétsi]

90. Vogels

vogel (de)	**πουλί** (ουδ.)	[pulí]
duif (de)	**περιστέρι** (ουδ.)	[peristéri]
mus (de)	**σπουργίτι** (ουδ.)	[spurʝíti]
koolmees (de)	**καλόγερος** (αρ.)	[kalʲóʝeros]
ekster (de)	**καρακάξα** (θηλ.)	[karakáksa]

raaf (de)	**κόρακας** (αρ.)	[kórakas]
kraai (de)	**κουρούνα** (θηλ.)	[kurúna]
kauw (de)	**κάργα** (θηλ.)	[kárɣa]
roek (de)	**χαβαρόνι** (ουδ.)	[xavaróni]
eend (de)	**πάπια** (θηλ.)	[pápia]
gans (de)	**χήνα** (θηλ.)	[xína]
fazant (de)	**φασιανός** (αρ.)	[fasianós]
arend (de)	**αετός** (αρ.)	[aetós]
havik (de)	**γεράκι** (ουδ.)	[ʝeráki]
valk (de)	**γεράκι** (ουδ.)	[ʝeráki]
gier (de)	**γύπας** (αρ.)	[ʝípas]
condor (de)	**κόνδορας** (αρ.)	[kónðoras]
zwaan (de)	**κύκνος** (αρ.)	[kíknos]
kraanvogel (de)	**γερανός** (αρ.)	[ʝeranós]
ooievaar (de)	**πελαργός** (αρ.)	[pelʲarɣós]
papegaai (de)	**παπαγάλος** (αρ.)	[papaɣálʲos]
kolibrie (de)	**κολιμπρί** (ουδ.)	[kolibrí]
pauw (de)	**παγόνι** (ουδ.)	[paɣóni]
struisvogel (de)	**στρουθοκάμηλος** (αρ.)	[struθokámilʲos]
reiger (de)	**τσικνιάς** (αρ.)	[tsikniás]
flamingo (de)	**φλαμίγκο** (ουδ.)	[flʲamíngo]
pelikaan (de)	**πελεκάνος** (αρ.)	[pelekános]
nachtegaal (de)	**αηδόνι** (ουδ.)	[aiðóni]
zwaluw (de)	**χελιδόνι** (ουδ.)	[xeliðóni]
lijster (de)	**τσίχλα** (θηλ.)	[tsíxlʲa]
zanglijster (de)	**κελαηδότσιχλα** (θηλ.)	[kelaiðótsixlʲa]
merel (de)	**κοτσύφι** (ουδ.)	[kotsífi]
gierzwaluw (de)	**σταχτάρα** (θηλ.)	[staxtára]
leeuwerik (de)	**κορυδαλλός** (αρ.)	[koriðalʲós]
kwartel (de)	**ορτύκι** (ουδ.)	[ortíki]
specht (de)	**δρυοκολάπτης** (αρ.)	[ðriokolʲáptis]
koekoek (de)	**κούκος** (αρ.)	[kúkos]
uil (de)	**κουκουβάγια** (θηλ.)	[kukuváʝa]
oehoe (de)	**μπούφος** (αρ.)	[búfos]
auerhoen (het)	**αγριόκουρκος** (αρ.)	[aɣriókurkos]
korhoen (het)	**λυροπετεινός** (αρ.)	[liropetinós]
patrijs (de)	**πέρδικα** (θηλ.)	[pérðika]
spreeuw (de)	**ψαρόνι** (ουδ.)	[psaróni]
kanarie (de)	**καναρίνι** (ουδ.)	[kanaríni]
hazelhoen (het)	**αγριόκοτα** (θηλ.)	[aɣriókota]
vink (de)	**σπίνος** (αρ.)	[spínos]
goudvink (de)	**πύρρουλα** (αρ.)	[pírulʲa]
meeuw (de)	**γλάρος** (αρ.)	[ɣlʲáros]
albatros (de)	**άλμπατρος** (ουδ.)	[álʲbatros]
pinguïn (de)	**πιγκουίνος** (αρ.)	[pinguínos]

91. Vis. Zeedieren

brasem (de)	**αβραμίδα** (θηλ.)	[avramíða]
karper (de)	**κυπρίνος** (αρ.)	[kiprínos]
baars (de)	**πέρκα** (θηλ.)	[pérka]
meerval (de)	**γουλιανός** (αρ.)	[ɣulianós]
snoek (de)	**λούτσος** (αρ.)	[lʲútsos]
zalm (de)	**σολομός** (αρ.)	[solʲomós]
steur (de)	**οξύρυγχος** (αρ.)	[oksírinxos]
haring (de)	**ρέγγα** (θηλ.)	[rénga]
atlantische zalm (de)	**σολομός του Ατλαντικού** (αρ.)	[solʲomós tu atlʲandikú]
makreel (de)	**σκουμπρί** (ουδ.)	[skumbrí]
platvis (de)	**πλατύψαρο** (ουδ.)	[plʲatípsaro]
snoekbaars (de)	**ποταμολάβρακο** (ουδ.)	[potamolʲávrako]
kabeljauw (de)	**μπακαλιάρος** (αρ.)	[bakaliáros]
tonijn (de)	**τόνος** (αρ.)	[tónos]
forel (de)	**πέστροφα** (θηλ.)	[péstrofa]
paling (de)	**χέλι** (ουδ.)	[xéli]
sidderrog (de)	**μουδιάστρα** (θηλ.)	[muðiástra]
murene (de)	**σμέρνα** (θηλ.)	[zmérna]
piranha (de)	**πιράνχας** (ουδ.)	[piránxas]
haai (de)	**καρχαρίας** (αρ.)	[karxarías]
dolfijn (de)	**δελφίνι** (ουδ.)	[ðelʲfíni]
walvis (de)	**φάλαινα** (θηλ.)	[fálena]
krab (de)	**καβούρι** (ουδ.)	[kavúri]
kwal (de)	**μέδουσα** (θηλ.)	[méðusa]
octopus (de)	**χταπόδι** (ουδ.)	[xtapóði]
zeester (de)	**αστερίας** (αρ.)	[asterías]
zee-egel (de)	**αχινός** (αρ.)	[axinós]
zeepaardje (het)	**ιππόκαμπος** (αρ.)	[ipókambos]
oester (de)	**στρείδι** (ουδ.)	[stríði]
garnaal (de)	**γαρίδα** (θηλ.)	[ɣaríða]
kreeft (de)	**αστακός** (αρ.)	[astakós]
langoest (de)	**ακανθωτός αστακός** (αρ.)	[akanθotós astakós]

92. Amfibieën. Reptielen

slang (de)	**φίδι** (ουδ.)	[fíði]
giftig (slang)	**δηλητηριώδης**	[ðilitirióðis]
adder (de)	**οχιά** (θηλ.)	[oxiá]
cobra (de)	**κόμπρα** (θηλ.)	[kóbra]
python (de)	**πύθωνας** (αρ.)	[píθonas]
boa (de)	**βόας** (αρ.)	[vóas]

ringslang (de)	**νερόφιδο** (ουδ.)	[nerófiðo]
ratelslang (de)	**κροταλίας** (αρ.)	[krotalías]
anaconda (de)	**ανακόντα** (θηλ.)	[anakónda]

hagedis (de)	**σαύρα** (θηλ.)	[sávra]
leguaan (de)	**ιγκουάνα** (θηλ.)	[iguána]
varaan (de)	**βαράνος** (αρ.)	[varános]
salamander (de)	**σαλαμάντρα** (θηλ.)	[salʲamándra]
kameleon (de)	**χαμαιλέοντας** (αρ.)	[xameléondas]
schorpioen (de)	**σκορπιός** (αρ.)	[skorpiós]

schildpad (de)	**χελώνα** (θηλ.)	[xelʲóna]
kikker (de)	**βάτραχος** (αρ.)	[vátraxos]
pad (de)	**φρύνος** (αρ.)	[frínos]
krokodil (de)	**κροκόδειλος** (αρ.)	[krokóðilʲos]

93. Insecten

insect (het)	**έντομο** (ουδ.)	[éndomo]
vlinder (de)	**πεταλούδα** (θηλ.)	[petalʲúða]
mier (de)	**μυρμήγκι** (ουδ.)	[mirmíngi]
vlieg (de)	**μύγα** (θηλ.)	[míɣa]
mug (de)	**κουνούπι** (ουδ.)	[kunúpi]
kever (de)	**σκαθάρι** (ουδ.)	[skaθári]

wesp (de)	**σφήκα** (θηλ.)	[sfíka]
bij (de)	**μέλισσα** (θηλ.)	[mélisa]
hommel (de)	**βομβίνος** (αρ.)	[vomvínos]
horzel (de)	**οίστρος** (αρ.)	[ístros]

spin (de)	**αράχνη** (θηλ.)	[aráxni]
spinnenweb (het)	**ιστός αράχνης** (αρ.)	[istós aráxnis]

libel (de)	**λιβελούλα** (θηλ.)	[livelʲúlʲa]
sprinkhaan (de)	**ακρίδα** (θηλ.)	[akríða]
nachtvlinder (de)	**νυχτοπεταλούδα** (θηλ.)	[nixtopetalʲúða]

kakkerlak (de)	**κατσαρίδα** (θηλ.)	[katsaríða]
teek (de)	**ακάρι** (ουδ.)	[akári]
vlo (de)	**ψύλλος** (αρ.)	[psílʲos]
kriebelmug (de)	**μυγάκι** (ουδ.)	[miɣáki]

treksprinkhaan (de)	**ακρίδα** (θηλ.)	[akríða]
slak (de)	**σαλιγκάρι** (ουδ.)	[salingári]
krekel (de)	**γρύλος** (αρ.)	[ɣrílʲos]
glimworm (de)	**πυγολαμπίδα** (θηλ.)	[piɣolʲambíða]

lieveheersbeestje (het)	**πασχαλίτσα** (θηλ.)	[pasxalítsa]
meikever (de)	**μηλολόνθη** (θηλ.)	[milʲolʲónθi]

bloedzuiger (de)	**βδέλλα** (θηλ.)	[vðélʲa]
rups (de)	**κάμπια** (θηλ.)	[kámbia]
aardworm (de)	**σκουλήκι** (ουδ.)	[skulíki]
larve (de)	**σκώληκας** (αρ.)	[skólikas]

FLORA

94. Bomen

boom (de)	δέντρο (ουδ.)	[ðéndro]
loof- (abn)	φυλλοβόλος	[filʲovólʲos]
dennen- (abn)	κωνοφόρος	[konofóros]
groenblijvend (bn)	αειθαλής	[aiθalís]
appelboom (de)	μηλιά (θηλ.)	[miliá]
perenboom (de)	αχλαδιά (θηλ.)	[axlʲaðiá]
zoete kers (de)	κερασιά (θηλ.)	[kerasiá]
zure kers (de)	βυσσινιά (θηλ.)	[visiniá]
pruimelaar (de)	δαμασκηνιά (θηλ.)	[ðamaskiniá]
berk (de)	σημύδα (θηλ.)	[simíða]
eik (de)	βελανιδιά (θηλ.)	[velʲaniðiá]
linde (de)	φλαμουριά (θηλ.)	[flʲamuriá]
esp (de)	λεύκα (θηλ.)	[léfka]
esdoorn (de)	σφεντάμι (ουδ.)	[sfendámi]
spar (de)	έλατο (ουδ.)	[élʲato]
den (de)	πεύκο (ουδ.)	[péfko]
lariks (de)	λάριξ (θηλ.)	[lʲáriks]
zilverspar (de)	ελάτη (θηλ.)	[elʲáti]
ceder (de)	κέδρος (αρ.)	[kéðros]
populier (de)	λεύκα (θηλ.)	[léfka]
lijsterbes (de)	σουρβιά (θηλ.)	[surviá]
wilg (de)	ιτιά (θηλ.)	[itiá]
els (de)	σκλήθρα (θηλ.)	[sklíθra]
beuk (de)	οξιά (θηλ.)	[oksiá]
iep (de)	φτελιά (θηλ.)	[fteliá]
es (de)	μέλεγος (αρ.)	[méleɣos]
kastanje (de)	καστανιά (θηλ.)	[kastaniá]
magnolia (de)	μανόλια (θηλ.)	[manólia]
palm (de)	φοίνικας (αρ.)	[fínikas]
cipres (de)	κυπαρίσσι (ουδ.)	[kiparísi]
mangrove (de)	μανγκρόβιο (ουδ.)	[mangróvio]
baobab (apenbroodboom)	μπάομπαμπ (ουδ.)	[báobab]
eucalyptus (de)	ευκάλυπτος (αρ.)	[efkáliptos]
mammoetboom (de)	σεκόγια (θηλ.)	[sekója]

95. Heesters

struik (de)	θάμνος (αρ.)	[θámnos]
heester (de)	θάμνος (αρ.)	[θámnos]

wijnstok (de)	**αμπέλι** (ουδ.)	[ambéli]
wijngaard (de)	**αμπέλι** (ουδ.)	[ambéli]
frambozenstruik (de)	**σμεουριά** (θηλ.)	[zmeuriá]
rode bessenstruik (de)	**κόκκινο φραγκοστάφυλο** (ουδ.)	[kókino frangostáfilʲo]
kruisbessenstruik (de)	**λαγοκέρασο** (ουδ.)	[lʲaɣokéraso]
acacia (de)	**ακακία** (θηλ.)	[akakía]
zuurbes (de)	**βερβερίδα** (θηλ.)	[ververíða]
jasmijn (de)	**γιασεμί** (ουδ.)	[jasemí]
jeneverbes (de)	**άρκευθος** (θηλ.)	[árkefθos]
rozenstruik (de)	**τριανταφυλλιά** (θηλ.)	[triandafiliá]
hondsroos (de)	**αγριοτριανταφυλλιά** (θηλ.)	[aɣriotriandafiliá]

96. Vruchten. Bessen

appel (de)	**μήλο** (ουδ.)	[mílʲo]
peer (de)	**αχλάδι** (ουδ.)	[axlʲáði]
pruim (de)	**δαμάσκηνο** (ουδ.)	[ðamáskino]
aardbei (de)	**φράουλα** (θηλ.)	[fráulʲa]
zure kers (de)	**βύσσινο** (ουδ.)	[vísino]
zoete kers (de)	**κεράσι** (ουδ.)	[kerási]
druif (de)	**σταφύλι** (ουδ.)	[stafíli]
framboos (de)	**σμέουρο** (ουδ.)	[zméuro]
zwarte bes (de)	**μαύρο φραγκοστάφυλο** (ουδ.)	[mávro frangostáfilʲo]
rode bes (de)	**κόκκινο φραγκοστάφυλο** (ουδ.)	[kókino frangostáfilʲo]
kruisbes (de)	**λαγοκέρασο** (ουδ.)	[lʲaɣokéraso]
veenbes (de)	**κράνμπερι** (ουδ.)	[kránberi]
sinaasappel (de)	**πορτοκάλι** (ουδ.)	[portokáli]
mandarijn (de)	**μανταρίνι** (ουδ.)	[mandaríni]
ananas (de)	**ανανάς** (αρ.)	[ananás]
banaan (de)	**μπανάνα** (θηλ.)	[banána]
dadel (de)	**χουρμάς** (αρ.)	[xurmás]
citroen (de)	**λεμόνι** (ουδ.)	[lemóni]
abrikoos (de)	**βερίκοκο** (ουδ.)	[veríkoko]
perzik (de)	**ροδάκινο** (ουδ.)	[roðákino]
kiwi (de)	**ακτινίδιο** (ουδ.)	[aktiníðio]
grapefruit (de)	**γκρέιπφρουτ** (ουδ.)	[gréjpfrut]
bes (de)	**μούρο** (ουδ.)	[múro]
bessen (mv.)	**μούρα** (ουδ.πλ.)	[múra]
bosaardbei (de)	**χαμοκέρασο** (ουδ.)	[kxamokéraso]
blauwe bosbes (de)	**μύρτιλλο** (ουδ.)	[mírtilʲo]

97. Bloemen. Planten

bloem (de)	**λουλούδι** (ουδ.)	[lʲulʲúði]
boeket (het)	**ανθοδέσμη** (θηλ.)	[anθoðézmi]
roos (de)	**τριαντάφυλλο** (ουδ.)	[triandáfilʲo]
tulp (de)	**τουλίπα** (θηλ.)	[tulípa]
anjer (de)	**γαρίφαλο** (ουδ.)	[ɣarífalʲo]
gladiool (de)	**γλαδιόλα** (θηλ.)	[ɣlʲaðiólʲa]
korenbloem (de)	**κενταύρια** (θηλ.)	[kentávria]
klokje (het)	**καμπανούλα** (θηλ.)	[kampanúlʲa]
paardenbloem (de)	**ταραξάκο** (ουδ.)	[taraksáko]
kamille (de)	**χαμομήλι** (ουδ.)	[xamomíli]
aloë (de)	**αλόη** (θηλ.)	[alʲói]
cactus (de)	**κάκτος** (αρ.)	[káktos]
ficus (de)	**φίκος** (αρ.)	[fíkos]
lelie (de)	**κρίνος** (αρ.)	[krínos]
geranium (de)	**γεράνι** (ουδ.)	[ʝeráni]
hyacint (de)	**υάκινθος** (αρ.)	[iákinθos]
mimosa (de)	**μιμόζα** (θηλ.)	[mimóza]
narcis (de)	**νάρκισσος** (αρ.)	[nárkisos]
Oost-Indische kers (de)	**καπουτσίνος** (αρ.)	[kaputsínos]
orchidee (de)	**ορχιδέα** (θηλ.)	[orxiðéa]
pioenroos (de)	**παιώνια** (θηλ.)	[peónia]
viooltje (het)	**μενεξές** (αρ.), **βιολέτα** (θηλ.)	[meneksés], [violéta]
driekleurig viooltje (het)	**βιόλα η τρίχρωμη** (θηλ.)	[viólʲa i tríxromi]
vergeet-mij-nietje (het)	**μη-με-λησμόνει** (ουδ.)	[mi-me-lizmóni]
madeliefje (het)	**μαργαρίτα** (θηλ.)	[marɣaríta]
papaver (de)	**παπαρούνα** (θηλ.)	[paparúna]
hennep (de)	**κάνναβη** (θηλ.)	[kánavi]
munt (de)	**μέντα** (θηλ.)	[ménda]
lelietje-van-dalen (het)	**μιγκέ** (ουδ.)	[mingé]
sneeuwklokje (het)	**γάλανθος ο χιονώδης** (αρ.)	[ɣálʲanθos oxonóðis]
brandnetel (de)	**τσουκνίδα** (θηλ.)	[tsukníða]
veldzuring (de)	**λάπαθο** (ουδ.)	[lʲápaθo]
waterlelie (de)	**νούφαρο** (ουδ.)	[núfaro]
varen (de)	**φτέρη** (θηλ.)	[ftéri]
korstmos (het)	**λειχήνα** (θηλ.)	[lixína]
oranjerie (de)	**θερμοκήπιο** (ουδ.)	[θermokípio]
gazon (het)	**γκαζόν** (ουδ.)	[gazón]
bloemperk (het)	**παρτέρι** (ουδ.)	[partéri]
plant (de)	**φυτό** (ουδ.)	[fitó]
gras (het)	**χορτάρι** (ουδ.)	[xortári]
grasspriet (de)	**χορταράκι** (ουδ.)	[xortaráki]

blad (het)	φύλλο (ουδ.)	[fíljo]
bloemblad (het)	πέταλο (ουδ.)	[pétaljo]
stengel (de)	βλαστός (αρ.)	[vljastós]
knol (de)	βολβός (αρ.)	[voljvós]

| scheut (de) | βλαστάρι (ουδ.) | [vljastári] |
| doorn (de) | αγκάθι (ουδ.) | [angáθi] |

bloeien (ww)	ανθίζω	[anθízo]
verwelken (ww)	ξεραίνομαι	[kserénome]
geur (de)	μυρωδιά (θηλ.)	[miroðiá]
snijden (bijv. bloemen ~)	κόβω	[kóvo]
plukken (bloemen ~)	μαζεύω	[mazévo]

98. Granen, graankorrels

graan (het)	σιτηρά (ουδ.πλ.)	[sitirá]
graangewassen (mv.)	δημητριακών (ουδ.πλ.)	[ðimitriakón]
aar (de)	στάχυ (ουδ.)	[stáxi]

tarwe (de)	σιτάρι (ουδ.)	[sitári]
rogge (de)	σίκαλη (θηλ.)	[síkali]
haver (de)	βρώμη (θηλ.)	[vrómi]
gierst (de)	κεχρί (ουδ.)	[kexrí]
gerst (de)	κριθάρι (ουδ.)	[kriθári]

maïs (de)	καλαμπόκι (ουδ.)	[kaljambóki]
rijst (de)	ρύζι (ουδ.)	[rízi]
boekweit (de)	μαυροσίταρο (ουδ.)	[mavrosítaro]

erwt (de)	αρακάς (αρ.), μπιζελιά (θηλ.)	[arakás], [bizeliá]
nierboon (de)	κόκκινο φασόλι (ουδ.)	[kókino fasóli]
soja (de)	σόγια (θηλ.)	[sója]
linze (de)	φακή (θηλ.)	[fakí]
bonen (mv.)	κουκί (ουδ.)	[kukí]

LANDEN VAN DE WERELD

99. Landen. Deel 1

Afghanistan (het)	**Αφγανιστάν** (ουδ.)	[afɣanistán]
Albanië (het)	**Αλβανία** (θηλ.)	[alʲvanía]
Argentinië (het)	**Αργεντινή** (θηλ.)	[arʝendiní]
Armenië (het)	**Αρμενία** (θηλ.)	[armenía]
Australië (het)	**Αυστραλία** (θηλ.)	[afstralía]
Azerbeidzjan (het)	**Αζερμπαϊτζάν** (ουδ.)	[azerbajdzán]
Bahama's (mv.)	**Μπαχάμες** (θηλ.πλ.)	[baxámes]
Bangladesh (het)	**Μπαγκλαντές** (ουδ.)	[banglʲadés]
België (het)	**Βέλγιο** (ουδ.)	[vélʲʝo]
Bolivia (het)	**Βολιβία** (θηλ.)	[volivía]
Bosnië en Herzegovina (het)	**Βοσνία-Ερζεγοβίνη** (θηλ.)	[voznía erzeɣovini]
Brazilië (het)	**Βραζιλία** (θηλ.)	[vrazilía]
Bulgarije (het)	**Βουλγαρία** (θηλ.)	[vulʲɣaría]
Cambodja (het)	**Καμπότζη** (θηλ.)	[kabódzi]
Canada (het)	**Καναδάς** (αρ.)	[kanaðás]
Chili (het)	**Χιλή** (θηλ.)	[xilí]
China (het)	**Κίνα** (θηλ.)	[kína]
Colombia (het)	**Κολομβία** (θηλ.)	[kolʲomvía]
Cuba (het)	**Κούβα** (θηλ.)	[kúva]
Cyprus (het)	**Κύπρος** (θηλ.)	[kípros]
Denemarken (het)	**Δανία** (θηλ.)	[ðanía]
Dominicaanse Republiek (de)	**Δομινικανή Δημοκρατία** (θηλ.)	[ðominikaní ðimokratía]
Duitsland (het)	**Γερμανία** (θηλ.)	[ʝermanía]
Ecuador (het)	**Εκουαδόρ** (ουδ.)	[ekuaðór]
Egypte (het)	**Αίγυπτος** (θηλ.)	[éʝiptos]
Engeland (het)	**Αγγλία** (θηλ.)	[anglía]
Estland (het)	**Εσθονία** (θηλ.)	[esθonía]
Finland (het)	**Φινλανδία** (θηλ.)	[finlʲanðía]
Frankrijk (het)	**Γαλλία** (θηλ.)	[ɣalía]
Frans-Polynesië	**Γαλλική Πολυνησία** (θηλ.)	[ɣalikí polinisía]
Georgië (het)	**Γεωργία** (θηλ.)	[ʝeorʝía]
Ghana (het)	**Γκάνα** (θηλ.)	[gána]
Griekenland (het)	**Ελλάδα** (θηλ.)	[elʲáða]
Groot-Brittannië (het)	**Μεγάλη Βρετανία** (θηλ.)	[meɣáli vretanía]
Haïti (het)	**Αϊτή** (θηλ.)	[aití]
Hongarije (het)	**Ουγγαρία** (θηλ.)	[ungaría]
Ierland (het)	**Ιρλανδία** (θηλ.)	[irlʲanðía]
IJsland (het)	**Ισλανδία** (θηλ.)	[islʲanðía]
India (het)	**Ινδία** (θηλ.)	[inðía]
Indonesië (het)	**Ινδονησία** (θηλ.)	[inðonisía]

Irak (het)	**Ιράκ** (ουδ.)	[irák]
Iran (het)	**Ιράν** (ουδ.)	[irán]
Israël (het)	**Ισραήλ** (ουδ.)	[izraíl[j]]
Italië (het)	**Ιταλία** (θηλ.)	[italía]

100. Landen. Deel 2

Jamaica (het)	**Τζαμάικα** (θηλ.)	[dzamájka]
Japan (het)	**Ιαπωνία** (θηλ.)	[japonía]
Jordanië (het)	**Ιορδανία** (θηλ.)	[iorðanía]
Kazakstan (het)	**Καζακστάν** (ουδ.)	[kazakstán]
Kenia (het)	**Κένυα** (θηλ.)	[kénia]
Kirgizië (het)	**Κιργιζία** (ουδ.)	[kirʝizía]
Koeweit (het)	**Κουβέιτ** (ουδ.)	[kuvéjt]
Kroatië (het)	**Κροατία** (θηλ.)	[kroatía]
Laos (het)	**Λάος** (ουδ.)	[l[j]áos]
Letland (het)	**Λετονία** (θηλ.)	[letonía]
Libanon (het)	**Λίβανος** (αρ.)	[lívanos]
Libië (het)	**Λιβύη** (θηλ.)	[livíi]
Liechtenstein (het)	**Λίχτενσταϊν** (ουδ.)	[líxtenstajn]
Litouwen (het)	**Λιθουανία** (θηλ.)	[liθuanía]
Luxemburg (het)	**Λουξεμβούργο** (ουδ.)	[l[j]uksemvúrɣo]
Macedonië (het)	**Μακεδονία** (θηλ.)	[makeðonía]
Madagaskar (het)	**Μαδαγασκάρη** (θηλ.)	[maðaɣaskári]
Maleisië (het)	**Μαλαισία** (θηλ.)	[malesía]
Malta (het)	**Μάλτα** (θηλ.)	[mál[j]ta]
Marokko (het)	**Μαρόκο** (ουδ.)	[maróko]
Mexico (het)	**Μεξικό** (ουδ.)	[meksikó]
Moldavië (het)	**Μολδαβία** (θηλ.)	[mol[j]ðavía]
Monaco (het)	**Μονακό** (ουδ.)	[monakó]
Mongolië (het)	**Μογγολία** (θηλ.)	[mongolía]
Montenegro (het)	**Μαυροβούνιο** (ουδ.)	[mavrovúnio]
Myanmar (het)	**Μιανμάρ** (ουδ.)	[mianmár]
Namibië (het)	**Ναμίμπια** (θηλ.)	[namíbia]
Nederland (het)	**Κάτω Χώρες** (θηλ.πλ.)	[káto xóres]
Nepal (het)	**Νεπάλ** (ουδ.)	[nepál[j]]
Nieuw-Zeeland (het)	**Νέα Ζηλανδία** (θηλ.)	[néa zil[j]anðía]
Noord-Korea (het)	**Βόρεια Κορέα** (θηλ.)	[vória koréa]
Noorwegen (het)	**Νορβηγία** (θηλ.)	[norviʝía]
Oekraïne (het)	**Ουκρανία** (θηλ.)	[ukranía]
Oezbekistan (het)	**Ουζμπεκιστάν** (ουδ.)	[uzbekistán]
Oostenrijk (het)	**Αυστρία** (θηλ.)	[afstría]

101. Landen. Deel 3

Pakistan (het)	**Πακιστάν** (ουδ.)	[pakistán]
Palestijnse autonomie (de)	**Παλαιστίνη** (θηλ.)	[palestíni]
Panama (het)	**Παναμάς** (αρ.)	[panamás]

Paraguay (het)	**Παραγουάη** (θηλ.)	[paraɣuái]
Peru (het)	**Περού** (ουδ.)	[perú]
Polen (het)	**Πολωνία** (θηλ.)	[polʲonía]
Portugal (het)	**Πορτογαλία** (θηλ.)	[portoɣalía]
Roemenië (het)	**Ρουμανία** (θηλ.)	[rumanía]
Rusland (het)	**Ρωσία** (θηλ.)	[rosía]
Saoedi-Arabië (het)	**Σαουδική Αραβία** (θηλ.)	[sauðikí aravia]
Schotland (het)	**Σκοτία** (θηλ.)	[skotía]
Senegal (het)	**Σενεγάλη** (θηλ.)	[seneɣáli]
Servië (het)	**Σερβία** (θηλ.)	[servía]
Slovenië (het)	**Σλοβενία** (θηλ.)	[slʲovenía]
Slowakije (het)	**Σλοβακία** (θηλ.)	[slʲovakía]
Spanje (het)	**Ισπανία** (θηλ.)	[ispanía]
Suriname (het)	**Σούριναμ** (ουδ.)	[súrinam]
Syrië (het)	**Συρία** (θηλ.)	[siría]
Tadzjikistan (het)	**Τατζικιστάν** (ουδ.)	[tadzikistán]
Taiwan (het)	**Ταϊβάν** (θηλ.)	[tajván]
Tanzania (het)	**Τανζανία** (θηλ.)	[tanzanía]
Tasmanië (het)	**Τασμανία** (θηλ.)	[tazmanía]
Thailand (het)	**Ταϊλάνδη** (θηλ.)	[tajlʲánði]
Tsjechië (het)	**Τσεχία** (θηλ.)	[tsexía]
Tunesië (het)	**Τυνησία** (θηλ.)	[tinisía]
Turkije (het)	**Τουρκία** (θηλ.)	[turkía]
Turkmenistan (het)	**Τουρκμενιστάν** (ουδ.)	[turkmenistán]
Uruguay (het)	**Ουρουγουάη** (θηλ.)	[uruɣuái]
Vaticaanstad (de)	**Βατικανό** (ουδ.)	[vatikanó]
Venezuela (het)	**Βενεζουέλα** (θηλ.)	[venezuélʲa]
Verenigde Arabische Emiraten	**Ηνωμένα Αραβικά Εμιράτα** (θηλ.πλ.)	[inoména araviká emiráta]
Verenigde Staten van Amerika	**Ηνωμένες Πολιτείες Αμερικής** (θηλ.πλ.)	[inoménes polities amerikís]
Vietnam (het)	**Βιετνάμ** (ουδ.)	[vietnám]
Wit-Rusland (het)	**Λευκορωσία** (θηλ.)	[lefkorosía]
Zanzibar (het)	**Ζανζιβάρη** (θηλ.)	[zanzivári]
Zuid-Afrika (het)	**Δημοκρατία της Νότιας Αφρικής** (θηλ.)	[ðimokratía tis nótias afrikís]
Zuid-Korea (het)	**Νότια Κορέα** (θηλ.)	[nótia koréa]
Zweden (het)	**Σουηδία** (θηλ.)	[suiðía]
Zwitserland (het)	**Ελβετία** (θηλ.)	[elʲvetía]

www.ingramcontent.com/pod-product-compliance
Lightning Source LLC
Chambersburg PA
CBHW070821050426
42452CB00011B/2128
* 9 7 8 1 7 8 4 9 2 3 7 5 4 *